私たちが
プロポーズ
されないのには、

101の理由があってだな

ジェーン・スー

ポプラ社

はじめに

はじめにお断りしておかなければならないことがあります。

大変申し訳ございませんが、この本は結婚できるようになるハウツー本ではございません。どちらかと言えば「ここに書いてあることをやり続けていると私たちのような未婚のプロになるぞ！」という警告書です。

そしてもうひとつ、断っておかなければいけないことがあります。

40にもなって、私たち独身女は毎日を比較的楽しく、幸せに過ごしています。どこかでまだ「結婚しないとマズいかなぁ～」と思いながら、自分の手で自分の生活を切り開いていく楽しさを、日々これでもかと満喫しています。10年前の予想に反し、その楽しさは年々増していくといっても過言ではないでしょう。そうではない人もいるかもしれませんが、私とその周りの独身女たちは、幸運にもみな人生を謳歌しています。誰かひとりでも未婚の罪で処刑されたりしていれば、私たちも心を入れ替えたかもしれないのですが……。

そう、独身は麻薬《シングルイズドラッグ》なのです。独身お楽しみジャンキーの私たちは、いつか独身のオーバードーズ（過剰摂取）を心底、悔やむ日が来るかもしれない。ひとり部屋で死んでも、誰にも見つけてもらえないかもしれない。このままキリギリスのような享楽的な人生を送っていたら、60で貯金が溶けて無一文になるかもしれない。この年まで結婚できないなんて、人間としてなにか欠損があるのではないか？　子供を産まないなんて、女としてコンプリートしてないのではないか？　育った家庭になにか問題でもあったのだろうか？　積極的に子孫を残さないことでなにか社会的な罰を受けるんじゃないか？　そんなことが頭の中をグルグルすることがないとは言いません。

でも、やめられない。手にした自由を手放せない。独身生活が楽しくて仕方がない！……ていうか本気出せばいつでも結婚ぐらいできるし。一生しないとは決まってないし。このように、悩んでもすぐ立ち上がり、また歩き出す。40過ぎるとそれぐらい厚かましく脳がバカになっていくのです。本当に恐ろしい話です。こうして、私たちは未婚のプロになりました。

ですから、この本は結婚を推奨しているわけでも、結婚してない方を筆者未婚のまま責めているわけでもありません。１０１の理由を読んで、ご自身に思い当たるフシがあるならば、反面教師にしていただくもよし、独身をとことん楽しんでやると腹を括っていただくもよし。未婚のプロ予備軍の方々に、笑って楽しんで頂けたら本望です。

さて、なぜプロポーズされない理由を１０１も並べるような恥晒しをするに至ったのか、少しお話しさせて下さい。実は、こんな私にも相談を持ちかけてくれる、若い女性たちがおります。その方々は、まるであの日の私たちのようでした。自分について、世間について、あの頃の私たちは今以上になんにもわかっていなかった。結婚したい、したくない、なんで結婚できないの？　と焦ったり腹を立てたり落ち込んだりしていたあの頃の私たち。だから、私に悩みを打ち明けてくれる彼女たちがもがく気持ちは、痛いほどわかる。

彼女たちがもがく気持ちに、なにか応えることはできないかと考えました。しかしなにひとつ役に立つような知恵を蓄えてこなかったことに、がっくりと膝から崩れ落ちたそのとき、私はあの頃作った、あるリストのことを思い出しました。昔のＰＣを引っ張り出してきました。あった。あのリストはドキュメントフォルダに眠っていた。あまりにもくだらなかったので、私は「あのリスト」をデータで残しておいたのでした。

ここで私の「あの頃」に話を遡りましょう。あれは三十路に入ってしばらく経った頃。私と女友達数名は、いつものようにファミレスに集まって、仕事の愚痴や恋愛の悩みを延々話していました。そろそろ結婚する人がひとりぐらいいてもおかしくないのに、その気配がある女は誰ひとりいませんでした。結婚なんてまだまだと言いながら、どこかで少し焦り始めていました。もうふたり目を身籠った、旦那の親と二世帯住宅を建てることにした、そんなツワモノ同級生たちの顔が、チラリと脳裏をかすめる毎日でした。

あの日、どうしてそういう流れになったのかは覚えていませんが、誰かが破れかぶれに「私たちはなぜプロポーズされないのか」と憤慨し、自省傾向の強い女が「それじゃあプロポーズされない理由を考えて、ここで書き出してみよう！」と言いました。それを聞いた別の誰かがノートとペンを取り出し、自分たちがプロポーズされない理由をひとつずつ書き出していったのです。

さんざん盛り上がった小一時間、「私たちがプロポーズされない理由」リストは優に100を超えていました。そのリストをみんなで回し見ながら「こりゃ〜できるわけがない！」とゲラゲラ笑ってフゥーと大きなため息をついた夜。あの虚無感はなかなかのものでした……。

そのリストを見直し、改めて解説を加えてできたのが、この本です。人の役に立つ知恵がなく、恥を晒すしかなかったのが実際のところですが、それでもどっこい私は今日も生きている。手のひらを太陽に透かしてみれば、真っ赤に流れる私の血潮と、去年はなかった手の甲のシミ。それでもどっこい生きている、ああ生きている。

あれから10年、私は40になりいまだ独身です。その場にいた女たちの何名かも、独身のまま。彼氏が変わった人、まだ腐れ縁と付き合っている人、10年ぶりに彼氏ができた人。さまざまですが、楽しく気楽な独身です。

今、相手がいようといまいと、いわゆる結婚適齢期をプロポーズされる気配ゼロで過ごしている女性たちには、クヨクヨするな気にするなと言いたい。結婚しなくても一生大丈夫！とは保証はできないけれど、自分の人生を楽しんで生きていれば、独身でも少なくとも40までは楽しく過ごせると思います。そこから先は、私の未体験ゾーンなのでわかりませんが、悩んだり自分を責めたりしているヒマがあったら、ウマイものでも食べに行くといいですよ。もしくは今の彼がなかなかプロポーズをしてこないことに憤慨していたり、結婚相談所に登録してもロクな相手が紹介されないとがっかりしているならば、自分がプロポーズされない理由がいくつ当てはまるか、チェックしてみてください。科学的根拠はありませんが、これをやってきた私たちが、まだ未婚であるという歴史的証拠はあるわけですから、なにかのお役に立つかもしれません。さぁ、世界一役に立たない結婚指南書である本書を手に、あなたも私たちと一緒に独身チキンレースに参加しませんか？

『私たちがプロポーズされないのには、101の理由があってだな』 目次

私たちがプロポーズされないのには、１０１の理由があってだな

001

そもそも、彼氏がいない。もう3年以上。

友達のバツイチ女が言いました。

「30過ぎたら、バツイチの方が男は安心するのよ。バツイチって、一度は男に生涯の相手として選ばれた女の証《あかし》だから」

どうですか？　この腹にしみる台詞。

そもそもプロポーズしてくれる彼氏がいない女にとっては、ハードルの高すぎる話です。そりゃ誰だって、たったひとりの特別な相手として、愛する人に選ばれたい。それが、プロポーズ！

しかしながら私たち未婚のプロは、往々にしてぼんやりしていいます。

「結婚するなら、人の痛みがわかり、家族の時間を大切にしてくれる人がいい」

「子供は絶対2人欲しい」

などなど、**夢はでっかく自分勝手ですが、そこに辿り着くまでの道のりがまったくイメージできていない。**未婚のプロは、地図を持たない旅人です。

ここ数年誰ともまともに付き合ってない、周りにイイ男もいない、出会いもないのナイナイづくしにもかかわらず、いつかは自分と生涯を過ごすと決めた男性から、一生忘れられないプロポーズの言葉を聞けると思っている。彼氏が3年以上いない現実と、キラキラした結婚生活の間には結構な距離があることを、ツルッと忘れているのです。

現在の自分と未来の結婚生活が地続きの現実だと、私がようやく理解したのは30代半ばを過ぎたあたりでした。それまで**「結婚」とは、平凡な日常をガラッと変えてくれるなにか特別なもの、私を別のステージに連れて行ってくれる、たとえば宝くじの当選のようなものだと思っていた**のです。

3年以上恋愛をしていないままプロポーズを夢見るのは、買ってもいない宝くじの当選金の使い道を考えるのと、あまり変わらない。リアリティがないからそれはそれで楽しいけれど、買っていない宝くじが当たらないように、相手がいなけりゃプロポーズはされない。プロポーズされたいのなら、「普通の男でいいのに」なんて言いながら、自分本位な望みを架空の男に託すのはもうやめだ！

002

「大切な彼女」以外の存在として、男女の関係を持っている。

「特定の彼はいないけれど、男はいるから大丈夫」
どう大丈夫だか、言ってみろ。

たとえば、お互い憎からず思っている、彼氏ではない異性とのセックス込みのデート。もしくは、腐れ縁の男友達と、酔った勢いでしてしまった夜。その手のことを話しているとき、「最終的に私のことをわかってくれるのは、やっぱりあいつなんだよね。肩ひじ張らずに付き合えるし」と、なぜか彼女でもない女が、上から思っちゃうアレはなんでですかね。

こちらがそう思っていても、相手もそう思っているとは限らないのが独身残酷物語。やっちゃったことで女の気持ちがどんなに傾いても、**いわゆるセフレに近い関係の男は、結婚相手から一番遠い存在。**これが、私たち未婚のプロの結論です。

相手には「本命の彼女」がいて、自分は「浮気相手」となると、もっとたちが悪い。周りを見渡してみれば、いつか1軍に昇格する夢を捨てきれない、生涯2軍選手の多いこと多いこと。**お互いがオンリーワンの存在だと公にするのも結婚の一義**ならば、そもそも「彼氏」としてさえコミットしてこない男が、セフレや2軍にプロポーズするはずもない。

記憶をどう掘り返しても、ただのセフレ男が出世魚のように彼氏になり結婚相手になったという話も、浮気相手の男とは別に結婚相手を見つけたという器用な話も、セフレや浮気相手が大好きすぎて結婚したい！　と悶えている男の話も、私たちは聞いた試しがないのです。

ですから、いつかは結婚したいと話す女から「今彼氏はいないけど、男には困ってないんだよね」という「ニーズがないわけではない」ことを匂わせる話や、「最終的には私が本命に」という寝言を聞くと、それは前進じゃなくて後退だぜ、と老婆心ながら思うわけです。何度も言うけど、そんなうまい話を聞いたことがないんだよ……できちゃった！　以外にね。

はい、次！　次！

003

相手には、すでに家庭がある。

日本では、重婚は非合法であります。

「付き合っている男にすでに家庭がある」ことと、「その男と結婚したい」のふたつが自然に脳内で融和してしまうマジックアワーは、確かに存在します。

このマジックアワーを経験したことのある独身女は、少なからずいるはずです。**ドラマティックな非日常が道徳を超える瞬間、女たちはガスバーナーのような青い光をたたえて輝きます。**甘美と辛酸の繰り返しが生むジェットコースターに身を任せ、いつかこの人と……と淡い夢を見る。あ、でも不倫相手と結婚するの、私が見てきた限り、ほぼ無理ッス。

素敵なバーや突然の一泊旅行などで、未婚のプロをうっとりさせる既婚男性は、うじゃうじゃおります。彼らは余裕と財力を武器にした、女あしらいのうまいタイプ。彼らが余裕を持って不倫相手を気遣えるのは、安心・安全な家庭に軸足を置いているから。そして、彼らが相手の女に驚くほど優しいのは、「最終的にはこいつを選べない……」という罪悪感があるから。不倫地雷原からほうほうのテイで戻ってきた未婚のプロたちは、口を揃えてそう言います。

彼らは嫁から見限られでもしない限り、自分から家庭を捨てません。自分の人生に、今の家庭が必要なことを十分すぎるほどにわかっています。

ですから、めくるめく不倫のあげく、泥沼になったときに男が口にする「今、弁護士と話しているところだから」「裁判がうまく進まないんだよ」なんて言葉を信じちゃダメですよ。それは結論を先延ばしにする男の頭にのみ存在する、脳内弁護士や脳内家裁です（実話）。

不倫中の女は「同世代の男は頼りない」「いい男はみんな結婚してる」とよく口にしますが、「ラブ」がついてないホテルでのルームサービスの朝食や、同世代とは経験できないような金のかかる趣味に味をしめたら最後、もう並大抵の独身男では満足できません。悪いことは言わない、適当に切り上げて現実に戻ってきて！

004

彼のプロポーズを聞き逃している。

実は、男性は小声でプロポーズめいた言葉を発していることがある。
そして、未婚のプロは、往々にしてそれを聞き逃してきました。

一世一代のプロポーズですから、いきなり「俺と結婚してくれ」とは口にしないことを、アラサーと呼ばれた時代の私たちは知らなかった。プロポーズに一発OKをもらえるのか、ヤツらは少しずつ少しずつ探りを入れていたのです。

たとえば、彼が自分の将来について話をしたとき。「俺、いつかは異業種に転職するとか、独立するとか、してみたいんだよねー」と、しっかりしたあなたが聞いたら寝言のような夢物語を語ったとしましょう。これが、空耳のような小声のプロポーズです。

は⁉　どこが⁉　と思うなかれ。これは**「俺がなにかにチャレンジしたときにも、こいつはついてきてくれるな？」の確認**だったりするのです。それに対し、私たち未婚のプロは「はぁ？　この不景気になに言ってんの？　やりたいことって具体的になんなの？」と、お得意の詰将棋をやりました。その瞬間、彼が心の中で「ダメだ――！　プロポーズ断られる！」と叫んでいることも知らずに！

また、彼が既婚者の友人との食事の席を設けたとしましょう。彼は、自分の友達の輪に彼女がどんなふうになじむのかを無意識に見ています。それなのに、変にキョドった態度で渾身のオモロトークをカマしたり、「私は私」と生意気な口をきいてみたり……。こっちはこっちで彼の友達を観察しているつもりですが、逆に観察されているということまでは、頭が回らなかったんですから呑気な話です。

ちなみに、**結婚できる女たちは名キャッチャー。**いつか来るド直球のストライクがミットに収まる日まで、暴投だってとりこぼさない。それだけでなく、男が何気なく発した「引っ越そうかな」の一言にある種のサインを感じとり、さりげなく「こいつと一緒に住むのも悪くないいな」と自然に思えるところまで誘導していく。どこに球を投げればいいかのサインまで自然に出せるのです！　ただ、私を含めた**ぼんやり未婚のプロたちは、えてしてキャッチャーではなくピッチャー！**　しかも、豪速球を放つ剛腕の。投げるのは、得意なんですけどね、誰も捕ってくれないね。

005

あなたがすでにプロポーズしている。

結婚できる女は、全員キャッチャー。
結婚できない女は、全員剛腕なピッチャー。

私たち剛腕ピッチャーたちが放ってしまう渾身の一撃、それがプロポーズです。待つに待ちきれず、ビジネスシーンを仕切るように、華麗に段取るプロポーズ。それだけは、ダメだよ。

いつしか流行りだした「女性がプロポーズする」という風潮ですが、**ある程度の社会的地位があり、自分で自分の船を漕げる腕力を持つ女の投げる球は、あまりにも速い。そして重い！** 当たったら痛い‼

この球が自分に向かってきた瞬間、ピッチャーだったたつもりの男は、グローブを投げ捨て逃げていく。なんだかんだ言って、**男の「俺から言わせて」欲は半端なく大きい。**バカかと思うぐらいに。

また、男は「この女は自分の人生にどれだけ寄り添ってくれるか」をものすごく気にします。プロポーズにＯＫしてもらうことでそれを確認しようとするなんて、姑息なヤツらです。ですから、女からプロポーズすると、男は「こっちが相手の人生に寄り添わなくちゃいけないのか」と萎えてしまうんですって。そんなことを聞くとこっちが萎えてしまいますが、結婚したいなら、ヤツらの「俺プラン」を邪魔しない方がよさそうです。

もちろん例外はあります。私の周りにも、女からプロポーズして結婚したカップルはいます。しかし、女が結婚しようと言う前に、男の方がより彼女との結婚を望んでいることは、周知の事実でした。彼が「俺はもともと結婚しようと思ってたし」と言える下地があったわけです。しかも、彼はようやく欲しかった物を手に入れたという達成感も得られたでしょう。女はモノじゃないんだけどな！

まだ心の準備ができていなかったり、結婚のことは考えたくなかったりという相手の状況を顧みずに、女からプロポーズをしてしまうと、彼が潜在的に抱いているかもしれない結婚願望すらそぎ取ってしまうやもしれず。本当に面倒くさい話です。プロポーズされたいなら、仕方ないんですかね……。

006

友達から「とても結婚願望があるように見えない」と言われる。あなたが。

自分のことは、自分が一番わかっていると思いたい。
しかし、そうは女友達問屋が卸さない……という話。

女友達から、「結婚願望低そうだね」と言われたことはないでしょうか？　私は200回ぐらいあります。そして毎回、「そんなことはない！」と反論してきました。しかしながら、**女友達の指摘は、悔しいほどに客観的でとても正しい。**

「結婚したい！」と叫びながら、自分に都合のいい条件（もしくは現在の彼への不安材料）を列挙して、自分の陣地からは一歩も出なかった当時の私。それを見て、こいつは他人と人生を歩むより、自分の陣地を守る方が今は大事なのだな……と、女友達には見抜かれていたのです。私は無自覚でしたが。

このように、自分のことは、自分ではなかなかわからない。ですから、何気ない会話の中で突然、親しい友達に聞いてみるといいですよ。「私、結婚願望があるように見える？」と。

私はようやく、38ぐらいで「Ｏｈ……結婚よりしたいことがたくさんあるよ」と気づき、うなだれました。遅い。

いやいや、私にだって結婚願望があることはあるんですよ。ただし優先順位はかなり下。しかも当時は「結婚しておいた方が、人間的にコンプリートするのでは？」という自分本位な夢想だったのです。そんなヤツが嫁にいけるはずがない。

自分の意思に、早く気づくに越したことはありません。「結婚」の優先順位が低いことに**自分自身が気づけないままだと、言行不一致になって人生は空回りするばかり。**ならば今すぐ結婚する必要はないのではないでしょうか。結婚よりしたいことがたくさんあるのに、結婚をなによりも優先できない自分を責めるのは、アホらしいと思いませんか？　自分で考え、信頼できる女友達に聞いた後、もし本当に自分が結婚したいと気づいたならば、いち早く現在の優先順位を見直し、上位を占めるあれこれを後回しにしましょう。フフフ、できるっかなぁ？

007

以前付き合っていた男性のプロポーズを「もっといい人がいるかも」という理由でお断りした。

この理由でプロポーズを断った人は、おそらく、一生「もっといい人がいるかも」と青い鳥を探してさまよいます。

だいたい、「もっといい人」ってなんでしょうね？　もっといい人ハンターの未婚女がイメージする「いい人」の条件をよくよく聞いてみると、結局、自分にとってもっともっと都合がいい人、自分がどうなっても将来の不安を一切抱かせない人のことを指している場合があります。それじゃあ、もはや親だ。いや親以上を求めてる。わかります。私たちアラフォー未婚のプロたちも、アラサーと呼ばれた時代にそれをやり続けたクチですから。まだやってる猛者《もさ》もいますよ！　今日も未確認生命体を、探し続けています。

当時の私たちの大きな失敗は、不安定な自分の城から、男の安定した城に移り住みたいと考えていたことです。**結婚とは、不安定な城を持つ者同士が、一緒に自分たちの城を作っていくこと**なのだと知ったのは、年を追うごとに充足していく既婚カップルを見たときでした。

当時の私たちは、20代で早々に結婚を決めた女を見ては「あの男が旦那じゃ頼りないねぇ〜」となにさま目線で語っていました。しかし振り返れば、彼女たちは現状の彼が完璧じゃないこともわかっていたし、それでもある程度は充足していたのでしょう。不足だらけの自分たちを当然のこととして受け止め、それでも一生一緒にいようと誓いを立てたのです。あのとき結婚を決めた女たちは脇が甘いのではなく、私たち未婚のプロのように「のしを付けてすぐ納品できるような状態の男にならないと、結婚できない！」などという不遜な意識がなかったのですね。

そもそも、彼の現在や将来を勝手に見積もるなんて失礼な話ですよね。自分がそんなことをされたらブチ切れますからね。自分と付き合っている人は自分の映し鏡。「もっといい人がいるかも」と思うんだったら、おまえがもっといい人になれっていう話で……嗚呼、自分の言葉が耳に痛い。

008

結婚している友人が幸せそうに見えない。

残念ながら、
結婚すれば自動的に幸せになれるわけではないようです。

20代に結婚した女たちに会うと、たいていが「旦那が約束を守らない」だの「結婚生活は思ったのと違った」だのという話になります。こうした言葉で、未婚女の結婚願望はどんどんしぼんでいく。こんなふうになるのなら、結婚などせずに自分のペースで楽しく暮らしていた方がずっといいに決まってる……。そう思うのも当然です。

かように自分のモチベーションがダダ下がっているにもかかわらず、それを自覚しないままに「プロポーズされない」と悩むのは時間のムダだと思います。**自分の年齢や、親からのプレッシャーに負けそうになって、「結婚したい」と思い込んでしまっているだけかもしれません。**既婚者の愚痴を聞いて「うちの彼は大丈夫かな……」と不安に感じているとき、そのテンションは、確実に彼にも伝わっている。そりゃープロポーズされませんな。

また、文句を垂れる既婚者たちの言葉を聞いて「私はこんなふうになりたくないから、もっといい人を選ぼう」と、いつの間にか相手に課す条件が増えていきます。すると、ますますターゲットの選択肢は狭まっていくわけです。これを、未婚無間地獄《むげんじごく》と呼びます。

既婚女たちの文句は、シングルライフをエンジョイしている未婚女には一生続く愚痴に聞こえます。しかし、彼女たちの抱えるトラブルは、他人と家族になれば、誰にでも起こりうることなのかもしれません。ですから、もっといい人を選べば事故が防げるのではなく、**他人と家族になるには、誰でも相当の修行が必要**ということなんでしょうね、本当のところは。

彼女たちは、私たち未婚のプロのように下手な迷いを感じなかったからこそスムーズに結婚でき、結婚生活は「夢」から「現実」になりました。その現実には、苦汁をなめるときもあれば、他人と家族になることでしか手に入れられない幸せを味わう瞬間だってあるはずです。そのはずです。うん、頭では私もわかってる。でも、私たち未婚のプロは、とにかく仕事以外で苦汁をなめたくないんですよ。（未婚続く）

009

独身の楽しさが半減するぐらいなら、結婚しない方がマシと思っている。

この楽しくて仕方がない独身生活を捨てたくない。まさに独身は麻薬《シングルイズドラッグ》!

そんな独身お楽しみジャンキー(中毒患者)をめとる男はおりませんでした。私たち未婚のプロ、別名「独身お楽しみジャンキー」は、付き合うには楽しい。しかし、付き合っている男には「この女、結婚しても独身生活の自由を絶対に手放さない!」とバレている。男から言わせれば、ふたりの生活より自分のお楽しみを常に優先する相手は勘弁でしょうし、「貴様より、独身のお楽しみの方がいい」と断られる可能性があるプロポーズだって口にするはずがない。男は男で「結婚したら、ある程度自分の人生に寄り添ってほしい」と考えていますから。そこで、「お楽しみより俺を選べ！」と言ってくる男は、残念ながらおりませんでした。

既婚者の話を聞く限り、独身生活のお楽しみ（＝**やりたい放題の自由気ままな生活**）**が半減しない結婚生活は存在しない**ようです。ましてや、それが倍増する結婚なんて、聞いた試しがない。結局、独身の快楽を味わい続けたり、充足感を倍増させる理想の結婚なんて存在しないんですなぁ。

もちろん、「独身の楽しさ」は「独身のさみしさ」と背中あわせ。その「さみしさ」が「楽しさ」を凌駕する女にとっては、さみしさ消去が人生のファーストプライオリティになります。さみしさから解放されるなら、今のお楽しみを手放すことだって厭わない！　そんなふうに腹を括った途端、プロポーズされた女もおりました。

「**自分が自分じゃなくなるぐらいだったら、さみしさが楽しさを凌駕するまで独身生活の楽しさを味わいつくしたい！**」と独身チキンレースを続け**ているのが、ジェーン・スーと愉快な未婚の仲間たち**です。そしていつか、さみしさが楽しさを凌駕したとき、そこには誰もいない可能性が……。そんなリスクを最大風速で感じながら、私たちは今日も走ります。

010

まだ本気出してないだけで、本気出せばどうにかなると思っている。

うん、私もまだ思っている。
今年40だけど。

本気さえ出せば、独身生活の大きな快楽を捨て去って、年貢を納めるように結婚できるはず。私たち未婚のプロは、まだどこかでそんな幻想を抱いています。「いやいや、やるときはやるよ。今じゃないけど」と思う私より年下の女がいたら、そっと肩に手をかけ「悪いことは言わない、やるなら今だ！」と結婚街道に突き飛ばしてさしあげたい。40過ぎたら、結婚街道はケモノ道です。

40過ぎたら「まだ本気出してないだけ幻想」はただの幻想でしかないと思います。なぜなら「今、自分が楽しいと思ってることを、ある程度は諦めたり妥協したりすることが、本当にできますか？」と真顔で詰め寄られたら、私たち未婚のプロは黙るしかない。無理なんですよ。だって、友達と旅行に行ったり、休日は好きなときに寝たり起きたりまた寝たり、食べたいものを食べ、買いたいものを買い、自分で好きに舵を取れる独身生活を、もう20年近くやってるのですから。

　さらに度を超すと、**未婚のプロは、せっかく告げてもらったプロポーズを断るという奇行に走るようになります。なぜなら、この甘い独身生活を手放したくないから。**いいですか？　40にもなってプロポーズしていただいたのに、「うーん、今じゃない」と断った女が、私の周りに6人もいるんですよ！　じゃあ、いつよ！　50かよ！　そういう女たちはたちの悪いことに「今じゃない」と言った舌の根も乾かぬうちに「まぁ……本気出したらいつでもいける」と、メビウスの輪をグルグル回り続けます。そんな滑稽な生き物が、私とその周囲にいる未婚女たちです。

　この女たちどれだけわがままなんだ！　と腹が立ちましたか？　はい、そうなんです。若くもなく綺麗でもないのに、自分の人生が大事すぎる、わがまま形状記憶人間が大量に街をさまよっています。ゾンビのように。だからまだ柔軟な若い未婚女たちには、こうなる前に自分でなんとかしてほしい。頑張って！

011

そもそも彼と結婚したいのか、ただ結婚がしたいだけなのかよくわからない。

「とにかく結婚しなきゃ!」そう思うことはありますか?
私はありました。

ある程度の年齢になると、私は「結婚して当然」という社会圧を感じることが多くなりました。「20代後半になったら結婚しないと」とか「結婚できない女にはどこか欠陥がある」とか「女は子供を産んで初めて一人前」などというメッセージを、親戚から、友人から、はたまたメディアからうっすらと受け取り始めました。もしあなたもそうならば、その**社会圧(外圧)は、同世代の女性が立て続けに結婚したときに「自分も結婚しなければ!」という思い込み(内圧)に変わります。**そして、内圧でパンパンになったら最後、今付き合っている男と一生一緒にいたいのか、ただ結婚がしたいだけなのか、区別がつかなくなるでしょう。まるで、かつての私たち未婚のプロのように。

社会に圧《お》されて生まれた内圧を、相手にぶつけてプロポーズを引き出そうとしているなら、それは無茶な話です。だって「勤務先で俺が一人前の男と認められるために、結婚してくれ」と言われたら、「私と結婚したいの？　それとも結婚したいだけなの？」とキレそうになるでしょう。いやキレるでしょう。

もし心底、とにかく結婚がしたいと思っているならば、「同期でしてないの俺ぐらいだし、そろそろおまえもいい年だから、結婚してやるかな」という彼の言葉に対し、死んでも「周りがどうとか、私がいい年とか、あなたの本当の気持ちは？」なんて言うのは禁物です。そのまま外圧結婚しろ。君たちお似合いだ！

一方、結婚に踏み切らない彼にイライラしていたけれど、よく考えたら「結婚すること」より「彼と楽しく過ごすこと」の方が大切だと気づいた方は、必要以上に社会圧に屈しなくてもいい。一緒にいて楽しいなら、ひとまず結婚は脇に置いておいて、今の楽しさを十分堪能したっていいじゃないですか。

012

今の生活レベルを落とせない、という話をしたことがある。

「山手線の外には、住めないなぁ……」

こんなことを言ったことがある、そこのあなた！

私は「文京区、千代田区、港区と渋谷区と中央区と新宿区の一部にしか住みたくない」と言ったことがあります。そうやって、付き合っていた男の心を、無自覚にへし折りました。

本当にすみませんでした。

若かりし日の私の話を、もう少しさせてください。

最初は「一緒に住みたい」「いつか結婚してもいいね」と言っていた男が、いつの間にかフェイドアウト気味になったあの日。焦った私が「一緒に住む話はなくなったの？」と詰めたところ、この男は冷たい声でこう言いました。

「だっておまえ、八王子には住めないだろ」

一瞬、なんのことかわかりませんでした。彼は八王子住民でもないのに、私は八王子に住めないと決めつけてきた。どうやら彼は、自分の稼ぎを考え、八王子あたりなら一緒に住める部屋を借りられると思っていたようなのです。自分の稼ぎで住む場所を確保してくれようというこの心意気、今から思えば、なんてありがたい話なのでしょうか。

しかし、私は冒頭の台詞に加え、ことあるごとに**「今の生活レベルは落とせないわー」と恒例のなにさまスタイル。**外食の店も「ワリカンだからいいでしょ」と、彼の想定より高めの店を選んでいたかもしれません。結婚しても夫婦ふたりとも働くのに、なんで生活のレベルを下げなきゃいけないの？　とさえ思っていました。

男は、嫁になる女には「四畳半の部屋でもふたりなら幸せ♡」と言われたい。笑止！しかし、何人もの金のかかりそうな女が、この四畳半クエスチョンに「ＮＯ」と答え、全員が今も健やかに未婚です。楽しくひとりで好きなところに住んでいます。

あのときわかっていなかったのは、稼ぎ続けていくことに、相当なプレッシャーを感じる男心。できることなら家族を養いたいという思い、そして嫁になる女からは、生きる自信をつけてもらいたいと思っていること。その嫁候補者がさらにプレッシャーをかけたら、そりゃプロポーズされませんわな。無念！

013

彼が連れて行ってくれるレストランで、必ず空調や店員の態度にケチをつける。

人の心を汲み取る前に、自分好みの空間を作ろうとした。
これが、未婚のプロの大きな間違い。

男に連れて行かれたレストランでは、案内された席に座るや否や「空調がちょっと厳しいので、変えてください」と店員に伝え、男には「あ、これこのあいだ友達と行った店で食べたやつの方がおいしかったかも。今度行こうよ！」と無邪気に話す……。あれはやっちゃダメでした。

男の「女を喜ばせたい願望」は、とかく強烈。どうやら男には、女を喜ばせることで自分の価値を確認する、やっかいな習性があるようです。つまり、男は素直に喜ぶ女が大好き。

私たち未婚のプロが、これを30代前半に知っていたら、人生は180度違っていたでしょう。が、そうとは知らずに男の顔を立てず、変なテレからたいして喜びも表さず、私たちはムダな対等感だけに固執していたものです。

また、**女は女で「喜ばせたい」という男の気持ちの中に「俺の方が上」という微弱電波が含まれているのを決して見逃しません。**あの電波、嫌ですよね。そして「女だからってナメないでよ」「私、わかってますから」と言外に匂わせる。そうやって、彼の「喜ばせたい気持ち」にケチをつけているのだとは知らずに！

青年マンガ誌では女の子が喜んで笑っている顔だけに1ページを割き、オッサン向け大衆誌では「このテクで女を悦ばせる」特集の嵐。あいつら女が喜んでんの本当に大好きなんですよ……。非常に面倒くさいですが、女だって作った料理を無言で食べられたり、プレゼントのリアクションが薄かったりしたらカチンときますから、わからなくもない。

ゲスい言い方をすれば、彼が連れて行ってくれるレストランやショップは、彼がしてくる性行為とほぼ同等と心得た方がいいかもしれません。文句や注文は慎んだ方が、プロポーズされる確率は上がると思われます。男の人って、傷つきやすい女友達みたいですね。

014

仕事でヘトヘトな彼を、休日のＩＫＥＡに連れて行ったことがある。

疲れている男を連れ回して、いいことなんてひとつも起きない。

ＩＫＥＡで、彼に結婚後の自分たちをイメージしてほしい。でも、それを口に出すのは恥ずかしいから、ＩＫＥＡで感じ取ってほしい。それが、ＩＫＥＡトラップ！

わかりますよ。だって、ＩＫＥＡには家族連れがいっぱいいるし、カップルの寝室や子供部屋まで具体的に展示してあるし、しかも安さまでアピールできる完璧なシチュエーション！　結婚をイメージしない方がおかしい！

だがしかし、**一番大きな問題は、相手のことをまったく思いやっていない行動だというこ**

と。男が仕事でヘトヘトに疲れているならば、休日は休んでもらった方が、こちらの身のためにもなります。疲れている男をうまく連れ出せたとしても、ブスッとしている男と出先で喧嘩になるのが関の山。女だって、生理2日目に、興味のないスポーツ観戦に連れて行かれて尻が冷えたら、腹が立つでしょうし。

さらに、「混んでいる場所」「並んで待つこと」「目的のない買い物」を好む男は、ほぼゼロ。『(500)日のサマー』のIKEAデートみたい★」なんて夢見ているのは女だけなのでありますよ。彼が家具好きなら、さらにチョイスは間違っています。こだわりの強い家具好き男は、同じ店で家具を揃えたいとは思っていない可能性もある。

IKEAにどうしても連れて行きたかったら、彼の家具が壊れたり、新しい家具を欲しがったりしているタイミングを狙えばいい。なんなら、彼の使っている電気スタンドのひとつでもブッ壊せばいい。で、「IKEAって行ってみたいんだけどさー」と、あなたの願望を彼が叶えてあげるテイで疲れていないときに誘いましょう。そしてIKEAで彼が「結婚っていいな」と感じてくれることをひたすらに祈る。とはいえ、IKEAはプロポーズされたい女の礼拝所ではないので、成功するかどうかは保証しかねます。

015

誕生日やクリスマスに、彼の好みを変えようとするプレゼントを贈ったことがある。

だって、彼にもっとよくなってほしいから……。

ええ、お気持ちはわかります。私も、延々とやっていました。下手したらいまだにやっている。ただ、男の好みと異なるプレゼントは、「あなたならもっと素敵になれるはず！」という女のおせっかいな意図に反し「今のままじゃ、おまえはダメだ」というメッセージとして受け取られるシステムらしいのです。知らんがな！

カバンに靴に洋服に本に……私は考えるのも嫌になるぐらいの贈り物をしてきました。そのたびに男にダメ出しを続け、その彼を否定していたのです。最悪です。カジュアルな服しか持っていない男へ、明るいベージュの小洒落たジャケットを誕生日にプレゼント。男の知らないジャンルの本を渡して「こういうのも読んでみたら?」とクリスマスにプレゼント。

価格やメーカーによっては、気圧《けお》されてしまう男もいるでしょう。何度も言いますが、**男は私たちが思っている以上に繊細で傷つきやすく、プライドの高い厄介な連中**です。

これを18歳の女子高生が年上の彼にやるなら微笑《ほほえ》ましい。若い女の子がお小遣いをコツコツ貯めて「こういうのも、持ってほしい!」と無理して買ったプレゼントなら「かわいいな」で済む。済むどころか、むしろイメージアップ! なぜなら、相手は社会的にも金銭的にも男性より頼りない女の子ですからね。

しかし、悲しいかな、20代後半以降の血気盛んな腕力の強い女、仕事もできて遊びも知っていて、下手したら語学もちょっとできて、話題のレストランでいいものも食べているような**馬力と稼ぎのある女は、男から見たら無敵艦隊**です。無敵艦隊がこれをやると、大変感じが悪く映ってしまう。私たち未婚のプロは、それを満身創痍で学びました。

女が社会的な地位を確立して、無敵艦隊になったのが悪いわけではありません。まだヤツらがその現実に、追いついていないのです。というかまぁ、その変な服も、自分が好きな男の一部なのですから、尊重した方がいいんでしょうねぇ……。

016

日常会話の延長線上のような口調で、友人の結婚話を何度もしたことがある。

シラーっとした顔でしている世間話のつもりが、相手にとってはノイズにしか聞こえないことがあります。
ええ、ありました。

「あなたの好きなように生きなさい！」と背中を押してくれていたはずの母親が、いつの間にかお知らせしてくる同級生の結婚話。もしくはいとこの家に生まれた子供の話。あるいは、母親の女友達の娘（誰だそれ？）のウェディングドレスがどうこうという、ゴシップめいたニュース。わかってるよ、母さん。結婚してほしいんでしょ。でも残念ながら予定はナシさ。だからこんな本を手に取ってるんだよ！

我が家は母親が早くに亡くなったので、この手のプレッシャーは皆無でした。それでも法事では、親戚から「結婚っていいものよ」的な話を何度か聞かされたことがあります。血縁者の期待に応えられないというのは、なかなかつらいものです。

このように、周囲が世間話を装ってかけてくるプレッシャーは、確実に自分に伝わります。それなのに、それを聞いたそばから、今度は同じようなプレッシャーを男にかけたりする。結婚したい女というのは業が深いですね。

「同窓会に行ったら、高校の同級生はほとんど結婚しててさー」と、こちらは自嘲じみた世間話のつもりでも、「ふ〜ん」と生返事の男は心の中で「キマシター！　結婚してくれ話！」と感じているかもしれません。私が親戚の言葉を、そう受け取ったように！

「あのふたり、ついに結婚したんだ！」と同じテンションで男と盛り上がれる共通の友人の結婚話なら別ですが、**よく知りもしない他人の結婚話は、自動的にプレッシャーになる模様。**

しかも、プロポーズする男からすれば、バシッと一発、自分の意志で結婚を決めたいわけです。女はポワーンとしたふりでしっかりキャッチャーミットを構え、投げられたら「うわー、速い球！」と驚くぐらいでちょうどいいのに、「こういう角度でひじ使ってこう投げろ」のようなサインをずーっと出し続けていた未婚のプロたち。そりゃピッチャーも首を横に振り続けますね。時にはピッチャーを信じて、ベンチ（母親）のサインは無視しましょう。

017

彼氏が年下すぎる。

どうやら風の噂によると、
超年下男だからこそ楽しめることが、たくさんあるあるみたいじゃないですか。
あれもこれもって、贅沢言うな！

最近流行りの超年下婚（男が）。先日も、40歳の女が29歳の男と結婚しました。めでたい。女よりひとまわり以上若い男は、同世代の男とは異なる価値観を持っている場合があります。自立していて、稼ぎもあって、男に依存せず、自由闊達な未婚のプロを好むなんて、本当にありがたい話です。

しかし、出産を考えて結婚を焦っている年上女にとって、超年下彼氏の呑気な態度は、頭痛の種でもあります。20代の彼に「女は1年ごとに妊娠しづらくなる」という話を真顔でしても、「大丈夫だよ！　俺元気だから！」と見当違いなことを言われ、膝から崩れ落ちた未婚のプロもおりました。

超年下男と付き合っているならば、結婚しないと女がフラフラと自分のもとを去っていってしまうのではないかと強迫観念に駆られてでもいない限り、結婚話がすぐに出ないのは、仕方がありません。**同世代の女が「大人同士だったから」という理由で、出会って3カ月で結婚を決めたからと言って、同じことを望むのは非現実的**ではないでしょうか。

超年下男と付き合っている未婚のプロたちは、みんな底抜けに楽しそう。二度目の青春なんて言葉は、定年後のおじさんのためにあると思っていましたが、アラフォーの女は二度目の青春を早めに済ませ、60過ぎたら三度目の青春をやるのでしょう。

すぐに結婚話が出ないとしても、現実に超年下婚が増えているのですから、結婚の可能性がないわけではありません。むしろ、のらりくらりと結婚の話をかわす、10年付き合ってきた男より、よっぽど可能性は高いと思います。

ここはひとつ、大人の女の余裕を見せてやってください。そして、どうしても結婚の方が重要と考えるなら、超年下男と別れて、お見合いはいかがでしょうか？

でも超年下男と付き合っている女を見ていると、付き合いを決めた時点で、結婚のプライオリティがそこまで高くなさそうなんですよねー。だから、超年下彼氏からプロポーズされないと悩んでいる女の話は、ノロケのひとつと思って聞いています。

018

将来に一縷《いちる》の不安も抱かせない完璧な男と、結婚しようと思っている。

不安材料のある男とは結婚できない。
これは度を超すと「慎重」ではなく「不遜」でした。

「不遜」の先は静かでおだやかな「孤独」です。

自分の城（＝ライフスタイル、人生そのもの）が理想からは程遠いので、男のしっかりした城に移り住みたい――。20代後半では、そんなことを思っていました。自分に不足している部分を、他人に埋めてもらいたかったのです。そりゃー無茶な話だったと、今ならわかります。だって、なんで完璧な男が、不完全な女の人生を背負わなくてはいけないのか。「完璧なんて言ってない！　普通の男でいい！」という悲鳴が聞こえてきますが、**女が俗に言う「普通

の人」というのも、かなり完璧に近い状態の男を指していますから、お忘れなく。

では、そんなことに気づかないまま20代後半を駆け抜けた未婚のプロこと私たちは、その後10年でどう変化していったのでしょうか。

30代前半になり、働く楽しさと、稼いだ金を使う楽しさを知った未婚のプロたち。頑張って働いて、毎日をエンジョイしていると、自然に衣食住のクオリティは上がり、交友範囲も広がります。20代とは比べものにならないほど、自分の城の基礎がしっかりしてくるのです。するとと、今度は「私の城はまだ不完全だけれど、結婚相手の城は最低でも同じクオリティでないと移住（結婚）は無理！」つまり生活レベル、文化レベルはビタイチ落としたくないと、「不安」は「不遜」に変わっていきます。

さらに、30代後半になると、自分の城（たとえそれがワンルームであっても）はもっとも心地よい形にカスタマイズされます。そして40になり、しっくりなじむ城でお茶を飲みながら「男も女も、完璧な城の持ち主なんていないのよねぇ〜」と、男にばかり完璧を求めていた愚かな自分を恥じ入り、同時に「とはいえ、今さら使い勝手のわからない城に移り住むのも、この城に自分以外の誰かを迎え入れるのも、ちょっとかんべ〜ん」という心境にソフトランディング。これが「不遜」の先の静かでおだやかな「孤独」の風景です。**20代で「不安を感じさせる人は無理」な女は、40になっても「まだ無理」と寝言を言い続ける**のであります。

019

鉄を熱いうちに打たなかった。むしろ冷や水をぶっかけた。

鉄が熱くなるまで叩かないのが、いい鍛冶屋。
熱くなる前からガンガン叩くのが、未婚のプロ。

「友達と食事に行く」と決まったら、女は瞬時に店探しを始めます。参加メンバーの好みやお財布事情、出やすい場所を考慮して、なんならクーポンまで準備する。**ベストな着地から逆算し、常に4手先を読むのが、結婚以外は「デキる」女の特徴**です。しかし、男は違うようです。理想の着地点から逆算して、最初の一歩を踏み出す前に、見果てぬ夢がある。付き合っている間に一度か二度、男は血迷って「結婚したらさ〜」と夢物語を始めます。しかし、その口を突いて出るのは、女からすれば超詰めの甘い仮想現実。貯金が6ケタなのに「結婚しても自分の部屋を持って、お互いのプライベートは大切にしたい！」とか、30代後半の女に向かって「子供はしばらく作らないで、恋人気分を味わいたい」とか、共働き前提なのに「毎晩手料理食べたいなぁ〜」など、繰り広げられるはヌルさの祭典。そこに「え？　ローン何年で考えてるの？」「子供が成人したとき、あなた何歳？」「私も働いてるんだから毎晩の手料理は無理！」と冷や水をぶっかけずにはいられない私たち……。こうやって、男が口にした〝結婚〟という伝家の宝刀（になるかもしれない現状ただの鉄の棒）を、二度と温まらないほどに冷却します。

一方、**すんなり結婚できる女は、腕のいい鍛冶屋**です。いびつな刀を叩く前に、まずは鉄をできるだけ熱します。男が発した妄言という未完成な鉄に、「ワッショイワッショイ」と、肯定という火をくべ、熱された鉄をトンカチで微調整。満を持して鉄の棒を冷水に突っ込み、煙の中から秘刀として取り出してみせる。なんとあざやかな、匠の技でしょう！

しかしまぁ、無様な鉄の棒を得意げに見せられれば、まず冷や水をかけたくなりますわな。でもそれは「彼とだったら、結婚できればなんでもいい」わけではないことの証でもあったなと、過去を振り返りながら、私は思うのであります。

もし結婚したらさぁ
ギン
では具体的にかかる費用についてはどうお考えで？？！

020

彼の方が稼ぎが少ないことをあなたはなんとも思っていないが、買い物に行くとあなただけ大人買いをする。

男の稼ぎなんて気にしない自分、なんて自立しているの！と胸を張り、彼の目の前でガンガン欲しいものをレジに持っていく。それだけは、ダメだよ。

私たち未婚のプロは、かつて大幅に間違っておりました。男の方が稼ぎが少ないとしても、自分が気にしなければクリアできる問題だと思っていたのです。

でも、それは違った。私たちは日々、気遣いに欠ける言動で己の稼ぎを示し、男のプライドを傷つけていました。女の方が稼ぎがいいのは気にならない、むしろ稼いでほしいと言う男は増えていますが、かといって、一緒にショッピングに行って、目の前で女がバカ買いをしたら（それは女の稼いだ金であるにもかかわらず）、「金銭感覚が合わない」と言われて終わりッス。

経済格差に関しては、男の人は本当にナイーブです。でも、それを「情けない」と責めるのはちょっと待て。男にとっての「金」というワードが、女にとっての「若さ」だとしたらどうでしょうか。年齢なんて関係ない！　と思っている超年下の彼氏に、若者ばかりの集まりに連れて行かれ、ついていけない会話ばかりされたら、自分の年齢を後ろめたく思うでしょう。つまり、金についてもこちらが気にしなくとも、相手は気にするということです。

ふたりの関係では「金」も「若さ」もたいした意味を持たなくとも、ふたりが生きている一般社会では、その二点は等価交換できるとされがち。

重要なことがもうひとつ。私たちだって、**「女友達」には、同じことはしないはず**です。「今月はキツい」と言っている女友達の前では大人買いはもちろん、自分のときに気を遣わせないよう、誕生日プレゼントの価格帯にも気を配ります。女友達には、収入格差を感じさせない配慮ができるのに、男に対してはできない。これは男をなめてるんじゃないですかね。

大事な女友達に対してやらないことは、大事な男にもしない。これはホント、オススメです。

021

もともと彼に結婚願望がない。

そう、私たち未婚のプロは、
それに気づいて見て見ぬふりをした。

男性の中には、自分の育った家庭環境やバツの数などのさまざまな理由から、結婚願望がない人もいます。付き合っている相手に「結婚する気はない」と明言しているケースも珍しくなく、彼らがプロポーズをしないのは……そりゃそうだ、という話です。

でもこれ、女の方が、結婚できないとわかっていながら付き合っていることが多いと思います。現実を直視するのが怖いから、答えを先延ばしにしている。**彼が少なくとも、自分とは結婚するつもりがないことを、本当は心の奥底でわかっている。**

それでも淡い期待を抱く気持ち、非常によくわかります。彼にその意志がないからって、すぐ嫌いになれるほど単純な話じゃないですよね。

しかしながら、この項に思い当たるフシがある女には、「結婚を考えずに、楽しく付き合い続ける」という選択も「結婚の意志がない相手とは別れる」という選択もあることをお伝えしたい。なんとか彼を変えようとするより、ずっと健康的ですよ。

私の女友達に、付き合っている男に結婚の意志がないことがハッキリわかったタイミングで、自分から泣く泣く別れを告げた女がふたりいます。どちらも結局、別れた男が戻ってきてプロポーズされ、今はどちらもかわいいお子さんのいる素敵な家庭をお持ちです。

なぜか。**彼女たちは男の「結婚したくない」という、そのときの意思を尊重したから。そして、自分の「結婚を望まない相手とは付き合いたくない」という意思も尊重したから。**どちらの女友達も、別れた後は相手に一切連絡もせず、女友達にさえ、恨みつらみを言いませんでした。それが結果的に強烈な喪失感として相手に印象づけられ、初めて彼は、彼女が必要だと知ったのでしょう。なに、このいい話！

結婚願望のない男が意を翻《ひるがえ》してプロポーズした例として、私の記憶に強く残っている出来事ですが、それぐらいのリスクを背負う覚悟が必要だということなんでしょうね。厳しい！

022

にもかかわらず、「私となら考えを変えてくれるかも」などと期待している。

愛の力で人の気持ちがどうにかなると思うなかれ。
それは愛ではなく、エゴだ！

格好よく言い切りましたが、私たち未婚のプロもいまだにコレをやります。私たちはとかく、**男に対して「私とだったら考えを変えてくれるかも」と期待してしまう。**でもこれ、よく考えるとひどい話でした。なぜって、「私」が彼の人生で、考えを一新させるほど特別な存在であることを前提にしているのですから。信条を変えるほど特別な存在かどうかを決めるのは、私たちではなく相手の男です。

結婚に関することではありませんでしたが、私は昔、「俺が無理なことをやらせようとして、それができるかどうかで愛情を測るのはやめろ」と言われたことがあります。ごもっとも。私はかぐや姫ではない！

考えを変えてくれることを期待してしまうのは仕方ないとしても、結婚に対する男の気持ちを変えようとする行動を女が取っていたら、プロポーズは彼方に遠ざかります。たとえば、既婚者ばかりが集まるホームパーティーやバーベキューに彼を連れて行ったり、ウェディングドレスが展示してあるショーウィンドウを見かけるたびに立ち止まってみたり。どんだけわかりやすい連想ゲームやってたんですかね、私たち未婚のプロは。直接言わなくても、言外に匂わせたことは、確実に相手に伝わるというのに。

今振り返るに、「自分の意思が尊重されていない」と不愉快になった男に対し「ひどい！」と嘆くのはお角違いでした。自分の考えを尊重しない女に対し、心を変えよう、プロポーズしようなんて男がいないのは、冷静になればわかるはず。**そう、結婚を焦っているとき、私たちは冷静ではいられない**のです。

男が「結婚する気はない」と言うのであれば、こちらは真摯な態度で冷静に「私はいつか結婚したい」と一度だけ伝え、それでもなんも変わらんのなら、はい、次行きましょ、次！

023

電話一本で、すぐ駆けつける。

クラシアンか！

自分が難攻不落な女であることを、過剰に演出するのはバカげています。でも、落ちやすい女だと行動で示すのも、同じくらいバカげていると思うのです。

「落ちやすい女」と思われたい人は少なく、むしろ親切心で男のもとに駆けつけているのですが、それでプロポーズが遠ざかっていくのを、私たち未婚のプロはしばらく気づきませんでした。

女が男の気まぐれな欲求に応えていくと、まず彼らは「ここまでやっていいんだ」と、自分勝手にふるまう行動の幅を広げていきます。次に、この女に「簡単な女」「安い女」という認識を持ちます。そうなったら最後、他の男に好きな女を取られない専属契約＝プロポーズに踏み出すわけがない。

また、**呼び出されるたびにすぐ駆けつける女は、どこかで無理をしているはずです。そし**

て、無理をしている以上は、必ず見返りがほしくなる。勝手に親切を貸しつけ続ける女は、一生換金できない不良債権をせっせと作り続けているようなもの。

見返り待ちの気持ちは脇の下からフェロモンのようににじみ出て、男に無言のプレッシャーをかけるでしょう。その重さに彼が耐え切れなくなるのが先か、「私はこんなにやってるのに！」と女がブチ切れるのが先か……。

よっぽど根性の据わった女でない限り、呼び出されるたびに駆けつけるなんてことはやめた方がいい。女の中には、何年もかけて本命から男をからめ取るような、黒い馬力のあるのもいます。文句も言わずに１００％都合のいい女になって、最悪のパワーバランスの中で、一生手放せない女になるのも手でしょう。それが自尊心を傷つけ、耐えられなくなる予感がまったくしないのであれば。

なーんて言っても、電話一本ですぐ駆けつける女は、ズタボロにならないと、止まれないのも知っている。だから、死なない程度にやり切って！

024

彼の家に行くとき、頼まれてもいないものも勝手に買っていって補充する。

オカンか！

「よく気がつくのが、いい女」という思い込みに、私たち未婚のプロもだいぶ振り回されてきました。初めて呼ばれた男の家をサッと観察し、在庫切れのトイレットペーパーや、切れたままの廊下のあかりを見つける。そういった「勝手な気づき」を補充用トイレットペーパーや新しい電球、明日の朝御飯などのかたちにして両手に抱え、2度目の訪問時には颯爽と「お邪魔しまーす」をやってしまう不粋さ。あと、目につくところをササッと掃除してみたり。やったやった。やったね。私は全部やった！

パーソナルスペースの考え方は人それぞれなので、彼女のものが部屋にあるのが嬉しい男もいれば、女が勝手に痕跡を残していくたびに、生活をどんどん侵入されていく気がして逃げ出したくなってしまう男もいます。なんにせよ、どちらのタイプかわからないうちは、なにもやらない方が、あとあとトラブルは起きにくい。

おもしろいもので、**頼まれもしない買い物や掃除をしないでいると、逆に男の方からやってくる。**私たち未婚のプロは、実験的に「気づきの具現化」をやめた時期がありました。すると、男が自分のものをこちらの家に置いていったり、ちょっとしたものを買ってきたりするようになりました。こっちが入っていかないと、向こうがこっちの生活に痕跡を残したがるものなんですねぇ。相手がそれをやるようになってからだと、こちらがなにかをしても、それほど嫌がられない場合が多い。なんなの、この面倒くさい法則。

まだプロポーズを匂わせてこない男なら、彼は彼女をどっぷり自分の生活に入れたり、ふたりで新しい生活を始めたりする気はあまりないと思った方がいいでしょう。生活感を一気に醸し出すことで、男が家庭を欲しくなる可能性がゼロとは言えないけれど、そんな「ゼロとは言えない」レベルのものに賭けるのは、危険だと思います。

025

彼を、元彼と比べて寸評したことがある。

はい、これは自分がやられて嫌なことはやめようシリーズ。

男の闘争心を煽ろうとたくらみ、あからさまな比較ではなくとも「元彼はこんな人だったんだよ」「クリスマスには指輪をもらったことがある」と、無邪気なふりでライトな比較を試みる――。奮起どころか、相手のプライドを傷つけて関係を悪化させてしまうこの失策、私たち未婚のプロは本当に何度もやってきたので、同じ轍《てつ》を踏んでほしくありません。

だって、彼にポロッと「前の彼女は料理が上手だった」「元カノは大人しいタイプ」と、今の自分にはない要素を言われたら、逆上しませんか？　私はします。

こうしてほしいという要望を直接伝える代わりに「元彼は……」などと身も蓋もないことを言っても、人が思うように動くわけがない。**してほしいことがあったら、素直に直接言うのが一番早い**です。

正直、元彼匂わせ作戦がうまくいく人もいます。しかし、彼女たちは、もともとの馬力が弱い。嫌な話ですが、社会的立場が相手の男と拮抗していないのです。ですから多少元彼の話を出したところで「やきもちを焼かせようとして、おまえはかわいいなぁ〜」と頭を撫でられて終わり。「おまえってなんだよ！」と頭を撫でている彼の手を振り払うタイプの未婚のプロとは、馬力がまったく違います。

一方、私たちの桁違いな腕力をしてみれば、元彼の話をちらつかせ、かわいらしくポカスカと男の肩を叩いたつもりが、「おいおい左フックめっちゃ当たってるよ！」となるわけです。**私たちのポカスカは、不覚にも相手の顎を正確にとらえて男はノックダウン。我々はヘビー級の王者、マイク・タイソンだということを決して忘れてはいけません。**世間から見たら彼の階級（ボクシングのですよ！）より、我々の方が上なのかもしれないときは特に！

男から見たらお遊戯レベルの出力しかできない、ライトフライ級非力女子たちと違って、我々マイク・タイソン軍は「王者でありたい」男のプライドをいちいち刺激してしまいます。ですが、真の武闘家ならば自分の出力レベルを把握し、ムダなファイトは避けるべしなのであります。

026

彼を、あなたの父親と比べて寸評したことがある。

男が母親を話の引き合いに出したとき、不安な気持ちになるならば、逆も真なり。

たとえば男に「この味噌汁、実家の味と違う」と言われたら無性に腹が立つように、男にも女に言われると、腑に落ちない家族の話があるようです。

付き合っている男の決定や提案に対し、女が「うちの父はこう言ってた」と父親を引き合いに出して話をすると、ときに非常に大きな問題を引き起こしてしまう。男がせっかく結婚したいと考えていても、結局結婚に至らなかったり、離婚してしまったり……という話を耳にするのは、決して少なくありません。マジで。**女性にとって「彼の母親」との関係がデリケートなものであるように、男性と「彼女の父親」との関係もデリケート。**

もちろん、娘と父親の仲がよかったり、娘が育った家庭の価値観を誇りに思えるのは素晴らしいことです。ただ、彼女に父親と自分を比較され、ふたりで決める物事の決定にいちいち父親の判断基準を持ち出されると、女の実家のクローンを作りたいわけじゃないと、男の気持ちが萎えてしまうんだそうです。その手の愚痴は、私たち未婚のプロのところに、男たちから続々と入ってきます。男が結婚を視野に入れているだけに、もったいない話です。

父親がしっかりしたタイプであればあるほど、相手の男を情けなく思うこともあるかもしれません。が、**男にしたって、好きな女の父親だからとはいえ、見ず知らずのおっさんからジャッジされる筋合いもない**のですよ。

未婚のプロになるのが嫌ならば、愛している女から、男は自信をもらいたいということを忘れないようにした方がいい。

あ、自分の父親がダメ男すぎて、父親と比較すると世界の男がすべていい男に見えるという現象もあります。この場合、ひどい男につかまってもヘッチャラになってしまうので、選択肢は無限に広がりますが、結婚も無限に遠くなります。気をつけて！

027

彼の友達を、内心バカにしている。

仕方ない。人をバカだと思うこともあります。
でもその人、君の大好きな彼の大事な友達だ。

世間では、女の方が男より精神年齢が高いといわれておりまして、女がそれを実感するタイミングは、数えきれないほどあります。彼の男友達のバカ騒ぎなども、そんなことを痛感させてくれる絶好のシチュエーションのひとつ。彼とその男友達との食事に同席したら最後、心にムクムクと湧き上がる「**ろくでもないな**」「**みんなセンス悪いな**」「**つまんねぇヤツばっかだな**」「**考えが浅いんだよ**」といった、決して口には出せない気持ち。

しかし、未婚のプロの経験談から申しますと、**これって口に出さなくても相手にバレてるんですよねー。ふとした瞬間、全部バレる。**気が緩んだ瞬間、口をついて出てしまう「え?」とか「あ?」という低めの声に場の空気が凍り、何やってんだ……と頭を抱えても後悔先に立たずです。そして、後になって彼のもとに届く「おまえの彼女、なんか難しいなー」というフィードバック。それが私たちのもとに届くことはないから、バレてないと思ってしまう……。

せっかく大切な友達に彼女を紹介して、「この女性は自分のパートナーですよ」とアピールした男の出鼻をガッツリ挫く、未婚のプロたちのプロ根性。友達からの評判がかんばしくない女を「生涯のパートナーにしたい」と思う男は稀で、ましてやその女にプロポーズなぞしません。

とはいえ、彼の友達をむやみやたらに尊敬しろと言われても、土台無理な話です。ですから、嫌なら彼の友達の会には行かなければいいのです。行くんだったら、一緒にいるときぐらいは彼と同じように楽しむ努力をしましょう。誘われたら、たまに付き合えば角は立たないと思いますよ。あと、そのグループに受け容れられたら、意外とイイヤツばかりだったということもあります。攻撃的な人見知りは、未婚のプロの得意技ですので、せっかくの楽しい会を台無しにしないように。まぁ、彼の友達と結婚するわけじゃないですし、その辺はテキトーに。

028

彼の浮気を許し続けた。もしくは、あなたの浮気がバレ続けた。

そもそも、浮気をし続ける男も女も、
自分のことが好きすぎて相手のことなんかどうでもいいと思っています。

あるところに、彼の浮気を許し続けた未婚の女がふたりいました。ひとりはこの男と無事に結婚しましたが、男は浮気をやめませんでした。もうひとりは、別の女と結婚したこの男の、浮気相手になりました。実話です。

もし付き合っている男が、浮気がバレても悪びれず、また浮気を繰り返すような男ならば、プロポーズをチラつかされても信じてはいけません。女は港、などというバカげたたとえがありますが、港は港。家じゃない。寄港する場所がたくさんある以上、許し続ければそれだけ古株の港になるだけです。

男と女の立場を逆にして考えてみましょう。たとえば、都合よく呼び出せて、いつも文句ひとつ言わず奢ってくれる男、送り迎えをするためだけに、どこにでも車で駆けつける男、セックスだけする男。女はそういう男を生涯の伴侶として選びません。**面倒な話ですが、男も女も、簡単な相手とは結婚したいと思わない**ようです。

男女に関係なく、浮気する側が出してくる常套句が「相手にしてもらえなくてさみしかった」というもの。思い当たってドキッとしているか、「なんのこと?」とキョトン顔をしているか、どちらでしょう。浮気は男の専売特許なんてのは今も昔もない話です。男の方が自慢げにそれを語っていたから目立っていただけで、女が浮気をしてバレ続ける、つまり延々と浮気を繰り返しているケースも、結構存在するのです。

女の浮気が男の闘争心をかきたて、女を取り戻した瞬間にテンションがブチ上がり、そのまま結婚になだれこむ……話がないわけではありません。ただ、これが成功するのは、さみしさ起因（自称）の浮気1回。しかも、男性があなたを失うことが、自分にとって致命的だと思っている場合と、男にも「彼女をさみしくさせてしまった」という自覚がある場合に限ります。単に構われていないことの腹いせに浮気をしても、男の気持ちを萎えさせる可能性の方が高い。

どうでもいい相手とは、一生添い遂げたいとは思わない。だから、プロポーズはされませんな。

029

女子力が高まりすぎている。

女子力を高めることで、プロポーズが早まることは少ない。
女子力が高いことで、婚期が遅れる可能性も、ゼロではない。
だがしかし、言いたいことはそんなことではない！

未婚のプロの実体験を顧みるに、女の思う「いい女」と男の思う「いい女」は一致しません。ですから、俗に言う女子力を高めるために、好きでもないことをやり、「いい女になって、いい男と結婚しよう」と思っているなら、ムダな努力です。
そんなことより、私はちょっと怒っています。女の自己満足な自己演出に「女子力」という言葉をあてがった人、そして女子力を上げればモテると言い出した人、好きなことに夢中になっているだけの女を「女子力アップ、乙ｗｗｗ」と嗤《わら》った人、ヤツらの頭を旅館のスリッパで叩きたい。**好きなこと、興味のあることが、たまたま世間一般で言われる「女子力」と同じカテゴリーに入るものだとしたら、それを嗤われるなんてひどい話**です。

私もガラス張りの料理教室を横切りながら、「女子力アップ女子どもめ……」と思うことがありましたが、家庭的といわれるジャンルに興味が持てない女の、醜い僻《ひが》みだったと反省しています。

さて**私たち未婚のプロが思う、真の「女子力」とは、好きな男と付き合う前にセックスをしないこと**です。好きでもない男とのセーフセックスは、気が滅入らない範囲でやればいいと思います。でも、好きな男とは簡単に寝ない方が、のちのちツラくならないことを、未婚のプロたちは学びました。付き合う前に寝た男と結婚した女も探せばいるでしょうが、まともに付き合うまですら行かなかった女の方が、ずっと多いでしょう。

付き合う前に好きな男と寝ない方がいい理由は、男が書いた恋愛本を読んでください。男の言葉で知った方が、より厳しい現実として受け止められるので。

付き合うまでセックスしないことを「女子力」とすれば、女子力が高まりすぎることで、女が痛手を被ることはゼロになります。プロポーズも遠ざかることはないでしょう。あー、好きな男と付き合う前にセックスする女を「女子力低いわ〜」って罵りたい。

030

彼と10年以上付き合っているか、結婚生活となんら変わりない同棲生活を続けている。

長い同棲生活を経て実際に結婚したカップルは、私の周りには1組しかいません。

私を含め、同棲組の大多数は破たんを迎えました！　イエイ！

同棲を続けていると、結婚という次のステップに進む意味がよくわからなくなってきます。入籍すれば、銀行口座の名義も、パスポートの書き換えも、相手が婿養子にでもならない限り女の手間。会社の中で旧姓と新姓のどちらを名乗るか悩むのも、女。生活は変わらないはずなのに、籍を入れた途端、女にだけ煩雑な作業が待っている……ような気分になります。

また、**同棲を続けていると、根拠のない妙な安心感が生まれます。**女もムダ毛の処理が甘くなり、男は現状維持に大満足。これが俗に言う「タイミングを逸した」瞬間です。

同棲組に加え、十年戦士たちもバタバタと別れ始めるのが30代中盤。親や友達からの「結婚しないの？」という言葉に、結婚できないと思われるのもシャクなので、心機一転、相手に結婚を打診してみれば「じゃあ子供ができたらね」の返事。なるほどごもっともですが、安定した関係が長いカップルはレスが多いので、自然に子供ができるわけもなく。

結婚するしない問題にケリがつかず、どちらかが痺れを切らしたり、この期に及んでどちらかが本気の浮気をしたり。周囲からは「まさか！」の声が上がるようなカップルが、最終的に別れを選ぶのをいくつか見てきました。

しかし、長い同棲経験のある既婚女の話を聞くと、**同棲と結婚とはまったくの別物らしい。**単純に親戚付き合いが倍になることに始まり、保険や税金に関する手続き、法律からの縛りも含めて多くの変化が起きるそうです。ふたりの家族を作っていくという連帯感が、同棲時代とは比べものにならないのだそうです。知らなかったなぁ。

とはいえ結婚はひとまず視野に入れず、お互いの人生を無理のない範囲で寄り添わせる大人の同棲は、リスクも高いけれど理想的なかたちのひとつだと思います。

こんなことを言っているから、私はいつまでも未婚です。イエイ！

031

すべて、彼の好みに合わせている。

「想像しがたく、理解しやすい女」
これは、ある男友達が、理想の女を語った言葉です。
知らねぇよ。

男はなんでもかんでも言うことを聞く女には手ごたえを感じないらしい。とはいえ、自分の意見や好みを汲み取らない女も気に入らない。それでいて、意外性やらギャップやらは大好物。ふざけるな！

男の寝言は脇に置いておいたとしても、自分の意思を押し殺して男の意見に合わせるのは、相手に手ごたえを感じさせない以上のデメリットがあります。**人の好みに無理に合わせれば、どうしたってそれに対する見返りを求めてしまう**からです。男に合わせている間に、「当然受け取れるはずだ」と踏むようになったその「見返り」は、我慢と引き換えに約束されたものではないのです。「私がここまでしたんだから、なにかしてくれるんでしょ？」という気持ちは、言葉にしなくとも体のいろいろな部分からにじみ出て、ジトーッとした重いオーラとなって相手に絡みつきます。**いつもはホントに鈍感な男でも、なぜかジトーッとした女が醸す空気みたいなものだけはしっかり感じ取る。**

そして、無言の圧力に耐え切れなくなった男のとまどいが放つ渾身の一撃が、

「ていうか、俺、頼んだっけ？」

のひとことです。

ご指摘どおり、よく考えてみたら頼まれちゃいない。私たち未婚のプロは、頼まれもしないことまでやるのが大得意！　彼がテレビを見ながら漏らした「ストレートロングの女いいよな〜」というボヤキを、勝手にオーダーとして受け取って髪を伸ばしたり、彼が風邪をひいたと言えば、良かれと思って駆けつけ看病したり……。

何事もほどほどが大切——といいますが、こんなに難しいことはありません。しかし結婚というはるか彼方のエルドラドに辿り着いた女たちは、ほどほどのバランスをなぜか心得ています。あれ、不思議ですねぇ。

どっちにしろ、相手のジャッジを待つ受け身な人生より、自分の好きなことを主体的にやっていく人生の方が楽しいと思うのですよ、私は。

032

彼の好みを、ひとつも受け容れていない。

男の言いなりになるような女ではないのだと、ちょっとした提案も頑なに拒絶する気持ち。
愛されたいから、すべて男の好みに合わせたくなる気持ち。
どちらもわかります。

要は、自分に自信がないんですよね。言うことを聞いたら、自分が自分でなくなるようで怖く、言うことを聞かなかったら、嫌われるのではないかと恐れる。時に、大好きな相手が口にする「好み」が現在の自分とはかけ離れたなにかだったりすると、気が滅入って2日はフテ寝したくなります。

そんなメソメソした日々を重ねに重ね、現在残っている未婚のプロはみな、譲れない一線をビシッと引いた武闘派ばかり。たいていのリクエストやわがままには鷹揚《おうよう》に構えていられれますが、譲れない一線に抵触した途端、「ここからはワシの領土じゃ！」とばかりに戦争が始まります。

男の話を聞いてみると、**彼らは「自分の思いどおりになる女」が欲しいわけではなく、自分の提案に柔軟な態度を示す「自分の人生をサポートしてくれる女」を探しているような**のです。あいつら子供か！　でも、極端に言うことを聞かない女も子供だから、全員子供！

理想的な結婚のイメージを強く持つ女ほど、自分に都合のいい男を求めていますので、相手の好みを受け容れる隙はない。そしてプロポーズは遠く離れていく。でもねぇ、好みを突っぱねたぐらいで萎えるような男なんて、こっちから願い下げだ！　戦争だ！（↑悪い例）　どーしてもプロポーズされたいなら、心の負担にならない程度に相手の好みに合わせるのがいいのかも……。

とはいえ、自分が自分でなくなるような気分になるうちは、突っぱねていいでしょ。そういうときは、自分がまだ他人と人生をくっつける準備ができていないか、その人が結婚相手じゃないかのどちらかだと思うのですよ。恐ろしいことに、すんなり結婚できる女は、多少男の注文を聞いたところで自分が自分ではなくなるほど脆くない。まるで大物政治家のように大局を見ているのです。あれ、すごいわー。

033

彼には手ごわい姉妹がいる。

女の最大の敵は彼の母親ではありません。一番手ごわいのは、彼の姉や妹です。

極度のマザコンや息子を溺愛しすぎる母親も確かにいます。ただ、母親はどこかで「息子に結婚してもらわないと、自分の子育てが失敗に終わるから困る」とも思っています。一方、そんなことを考えている姉や妹は皆無！　ともすれば、自分の思いどおりになるかわいい弟、あるいは頼りにしていたお兄ちゃんを取られる苛立ちが、母親より強い。そして、姉妹の反対は容赦がなく、**普段は頼りになる男も、「兄」「弟」の座についた途端、髪を切られた英雄サムソンのように弱体化します。**

女には村社会での共存を大事にする傾向があります。ですから、「姉妹が運営する村に新しく入ってくる村民」、つまり兄弟の嫁が、村のルールからかけ離れた基準で生きていると感じれば、前世やスピリチュアルを引っ張り出してでも反対します。

たとえば、彼の姉や妹がコンサバ専業主婦の場合。兄弟の嫁となる女が、結婚してからもガンガン働き続けるつもりでいたり、自分たちの配下に置けない存在感を醸しているなら、なかなか結婚に賛成はしてもらえないでしょう。**姉妹のものさしで測られたら、私たち未婚のプロは非常識な異端児かもしれません。**そうなるともうダメだ！　姉や妹は全力で「いかにあの女がお兄ちゃん（もしくは弟）にふさわしくないか」を伝え続けます。そして男は「そうかも……」と思ってしまう。彼らは、精神的に依存し合っていることも非常に多い。

私の女友達を見ていても、兄弟の嫁を心から評価している人は少数です。気のいい女友達も、誰かの姉や妹の視座に立つと、途端に意地悪くなる。これ、聞いてる方としてはおもしろいんですけどね。

唯一姉妹に、感謝される例は、彼が家族の問題児だったときです。「あんな問題児を引き取ってくれてありがとう！」と歓迎される。この場合も嫁になる女の人格を褒めているわけではないですが、邪魔されるよりはマシでしょう。ただ、その問題児は、これから一生自分の隣にいることになるわけですが！

034

彼の母親は完璧だ。

女が結婚を乞えば乞うほど、男は審査員になります。
その審査基準は、自分が育った家庭。
つまり、母の作った世界です。

女が結婚を望み始めると、男は勝手に女を採点し始めます。これは、未婚のプロが険しい未婚道を歩んできて得た知識です。そして、私たちは誰ひとり、その審査をパスしなかったのであります!!

採点基準になるのは、自分が一番長く知ってる異性＝母親。これはある意味、仕方がないね。嫌だったら結婚など乞わなければいい。乞うてもいないのに勝手に採点するような男だとしたら、とび蹴りを食らわせて次に行け！

問題は、大変満足な関係を築いている男の母親が、完璧だった場合です。完璧な母親のもとで育った男は、無邪気なマリー・アントワネット。ようやく結婚の話に辿り着けても、思わぬところで「パンがなければ、ブリオッシュを食べればいいんじゃないかな？」と笑顔で言い放ちます。掃除、洗濯、家事、育児、どこかで「母親ができることは、自分の嫁もできて当然」と思っている。しょうがない。時代と事情が違うということを、結婚してから少しずつわかってもらうしかありませんが、その前にプロポーズされるかどうか……。

なぜなら、愛されて育った息子さんほど、母親を悲しませたくないからです。そしてその母親は、気に入らないことがあったら、怒るよりも悲しむ姿を見せた方が、息子を上手に誘導できることを知っている！　だから、まず母親に好かれる必要があるのです。

よく**「普通の人がいい」という話を聞きますが、何不自由なく幸せな家庭で暮らしてきた男と結婚するのは、一番難しい。**これも、私たち未婚のプロが長い時間をかけて学んだことです。何不自由ない幸せな家庭の基準は山より高く、憲法より絶対的です。

私は、とある出戻り女が言った「理想のタイプ」が忘れられません。彼女が男に望むことはただひとつ「天涯孤独」です。別れた男の家族に、相当の苦労を強いられたことをうかがわせるこの発言、おもしろいけど、笑えない。

035

よんどころない事情もなく、実家に住み続けている。

実家住まいのまま結婚相手を探す女は、次の経済的依存先を探す、己の不遜に気づかないまま年をとります。

母親がさみしがるから……父親の世話があるから……いろいろ理由はあるでしょう。自分が両親を養っていたり、親兄弟の介護をしている人は、この場合除きます。親が健康な状態にもかかわらず、同居を続けている人は、一日も早く家を出た方がいい。

親元を離れられない大人は、自分ひとりを生かしておくためにかかる、ひと月の経費を知りません。電気料金も、ガス料金も、水道料金も知りません。私の周りでは、結婚願望と鼻っ柱の強い女に限って、実家住まいが多い。**自分で自分の世話をしたことがないので、親と同じように自分をケアしてくれる男がいると、どこかで思っているフシがあります。**かくいう私も、母親を早くに亡くしたひとりっ子でしたので、家を出たのは28か29という遅いスタートでした。もっと早くに、家を出ればよかったと思います。ひとり暮らしをして初めて、自分の身の丈が見えてきたので。

端的な例で言えば、家で食べていた牛肉を、自分で買うのはなかなか財布に厳しい。自分はグラムいくらの牛肉が買える御身分なのかを知っておくと、親に対する感謝の念も生まれてくるので、親孝行のひとつもしたくなります。

親は今日よりも明日、明日よりも明後日の方が年老いていく。その理論でいくと、結婚も自分の親と同居でないと不可能になりますし、親を看取るまでは、今の家を出られなくなる。

また、プロポーズされることを切に願うなら、実家に暮らし続けることの最大のマイナスポイントは「さみしくない」ことです。さみしがり屋の結婚したがりならば、ひとり暮らしをして、自分をどんどん追い込んでいきましょう。

036

何歳までに結婚したい、という話をしたことがある。

私たち未婚のプロが描いた未来予想図はあまりにも利己的で、プレゼンした途端に男の「ミッション・インポッシブル」になりました。

28歳の女が「30までに結婚したい」と言えば、人に与える印象は、本人が思うよりずっと殺気立っています。期せずして隣にいた彼の心情は「マジかよ」以外のなにものでもありません。

近未来を指した「○歳までに結婚したい」は、ある種の脅迫になるのと同時に「俺と結婚したいのか、それとも体裁を考えると30には結婚してないとまずいのか、どっちなんだ」という疑問を相手に生んでしまう。加えて、男のいない女がこの言葉をつぶやくと、周りのポッシブル・キャンディデイト（彼氏になる可能性のある独身男性）は「きっちりカタにはめられるのでは……」と警戒心を抱きます。いいことがまるでない。

ここまでに何度もお話ししましたが、**男は要所要所で「自分が主導権を握って決定をしてきた」と実感することが大切**で、その実感をともなわない物事（や人）は粗末に扱うように見受けられます。また、「彼女の夢を俺が叶えてあげる」のは喜んでやりますが、「彼女の言いなりになる」のは勘弁！　プロポーズも然りです。

結婚できる女性たちはこのあたりの勘が非常に優れており、あたかも男性に決定権、主導権があるかのように見せながら、物事を思うままに進めます。彼女たちの「見えないレール大作戦」はお見事。「オレ、わが道を切り開いてるぅ〜！」と得意顔の男の足元を見てみれば、うっすら光に反射する、女が引いた透明なレール。彼女たちは後ろからついていく顔をして、彼を上手にレールの上へ誘導していきます。一方、未婚のプロたちは、道なき道をかき分け、まさにわが道を進まんとする男の腕に手をかけて、すごい力で舗装された道に引っ張り込もうとする。だから、全力で抵抗されるのですね！　アハハハハハ！

なお、透明なレールの製造方法を知りたい方は、既婚者の書いた結婚指南書をご覧ください。役立たずで申し訳ない。

037

泥酔した彼の甘い言葉を、すべて信じている。

「結婚したーい」なんて言葉が、
男の酒臭い口から漏れてきたら、鼻と耳をふさぎましょう。

酔って口を滑らせるぐらいですから、彼の中には多少なりとも結婚欲があるのだと思います。ただ、未婚のプロたちの経験を思い返すと「できたらいいよね」と「する準備ができました」は別物でしたー！　ヤツらは希望を言っているだけであって、実行までの長い道のりやハードルなど考えたこともありません。なにごとも必要以上に具体的に考える女と異なり、思わず非現実的な甘い夢を、ポロッと口にしてしまうロマンチック野郎ども。憎い。でも憎み切れないこのツラさ。

女が思っている以上に、結婚は男にとって人生の大きな決断のようです。**男が口にする「結婚」は、シラフのときに出てこない限り、過剰に信用しなくてよい。**ましてや酔ったときの発言を言質として、心のメモに刻むような真似はしない方が身のためです。女はそれがいつまでたっても行動に移されないことにイライラするし、口を滑らせただけの男は「あのとき、ああ言ったじゃない」と女に詰め寄られても、覚えていません。なにごとも、男が「今は具体的になにも考えておりませんが、いつか現実にしたい……かも」程度に思っていることを女のやり方で詰めると、ヤツらはその気をなくしていく。たとえそれが、温泉旅行レベルだとしてもです。これは私たち未婚のプロが集結した、未婚サミットで導き出した結論です。ちなみに、サミット出席者は泥酔の末に出てきた男の甘い言葉に「ハイ、言った～！」とガンガン攻め込み、実現までのロードマップを提出しろと詰め寄って失敗したツワモノたち。

男が酔って口にする夢はただのロマン。ロマンはロマンとしてニッコリ受け取り、機が熟すのを冷静に待つしかないのであります。

あ、ほら、女友達が「痩せた～い！」って言ったからって「はい、じゃあ、いつまでに何キロどうやって痩せるおつもりですか！」とは攻め込まないでしょ。あれと同じぐらいの感覚です。

038

あなたが泥酔するたび、彼に「結婚しないの？」と聞き続けている。

これが効くのは、1回まで。
何度もやった未婚のプロは、いまだ未婚です。

普段は結婚の「け」の字も出さず、けなげに付き合ってきた女が、泥酔して1回だけ「結婚したいのに……」と言ったら。しかも、翌日からは結婚について一切触れることなく、普段どおりに戻っているとしたら、その言葉は深く男の胸に刺さるでしょう。

はい、賢い読者の方ならもうお気づきの「あいつの夢を叶えてあげたい」願望がムクムクと男の心に湧いてくるわけですな。深層心理をのぞき見したような気分になり、「いつもは強気なあいつが、俺だけに見せる弱い顔……。その夢、叶えてあげなくちゃ」と思ってくれたらラッキー！

しかし、泥酔するたびに「ねぇ、なんで結婚しないの？　する気がないの？　なんなの」とからみ続けていたら、結婚はいつしか〝将来的に達成しなければいけないタスク〟と化し、重いプレッシャーとして男の肩にのしかかります。私は下戸《げこ》なのに、これをやったことがあるから最悪です。

相手が酔っている、いないにかかわらず、ことあるごとに「結婚しないの？」と聞き続けたことで、いつの間にか「結婚すること」が「ふたりで決めた約束事」になったと、私は勘違いしてしまいました。こういう女の**男から聞くのは「いつの間にか結婚することになっていて、自分が不義理をしているみたいに言われるのはなぜだ！」という憤りに近い疑問。**人の話だと「そりゃそうだ！」と思えるのですから不思議です。

婚約でもしているならば別ですが、女が「こんなに長く付き合ってるんだから」「こんなに好きなんだから」などという自分本位な理由をくっつけて「いつ結婚するの？」と言っても、男から見たらそれは不平等条約にしか映らない。「約束しましたっけ？」という男のリアクションにブチ切れて傷つく気持ちはわかりますし、長いこと同棲していれば、法的には事実婚としてお金が取れることもあるようです。が、欲しいのは金なのかと。私たちには、別れるという選択肢もあるわけですからね。

039

結婚したいと思っていることなど、おくびにも出したことがない。

女が「プロポーズ、ＯＫするから大丈夫だよ！」と、キャッチャーミットをわかりやすく出しておかないと、球がミットに収まることはない。

男女を問わず負け戦は誰だってしたくないものですが、プロポーズはその最たるものかもしれません。逆に言えば、結婚したいという意思をおくびにも出さずにいるのは、「いつかは結婚したい」と思ってる女にとっては損なのです。

しかしながら、**結婚の意思の出し方は、バランスが非常に難しい。**相手あってのことなので正解のマニュアルはなく、自分で見極めるしかないようです。しかし、たったひとつだけ言えることは、「いつかは結婚したい」と本心で思っていても、「結婚したいしたいビーム超絶出しまくりの極右」と「結婚する気なんてないわマジでないわの極左」は全員残っているということ。「結婚しろ」と首根っこを捕まえようとしても、結婚したいと願っているのに、それをおくびにも出さないでいても、プロポーズはされません。そうやって、頭でわかっていることが実行できないのが、未婚のプロ。

また、**30前後で陥りがちなのが、本当は彼と結婚したいのに、結婚という制度自体に反発して「結婚したくない」と思い込んでしまうトラップ。**私たち未婚のプロがその年の頃によくやった失敗は、「結婚なんて、男に従属するみたいでバカみたい！」とふんぞり返り、男から繰り出されるプロポーズに似たジャブをすべて無視したこと。振られて初めて「ガーン！　私、彼と結婚したかったんだ」と気づいても、覆水盆に返った試しがない！

まずは、今付き合っている相手と家庭を作り、できるだけ長く一緒にいることを約束したいと望んでいるのか否か、しっかり自分で考えるべし。「あ、彼となら結婚したいかも」と思うなら、アラサー最後の反抗みたいなことは今すぐやめた方がいいですよ。とにかく、素直が一番早いんだってば。

040

彼に転職を勧めたことがある。

男の「自分の力で自分の人生を切り開きたい欲」を軽視すると、大怪我をします。ええ、しました。

付き合っている男がブラック企業に勤めていて、心身ともに衰弱し、正常な判断ができなそうならば「転職すれば？」と助け船を出すのは、問題ありません。ただ、同じ言葉でも言い方とタイミングによって、意味合いは180度変わります。

そもそも現代では、男でも女でも「自分は周囲よりも稼ぎがいい」と思っている人は、それほどいないでしょう。特に男は、一生働かなければならないという社会圧をかけられていることもあり、キャリアに対して多くの女よりずっと敏感です。ですから、付き合っている女から転職を勧められると、今の稼ぎやキャリアでは物足りないというダメ出しとみなされるようなのです。ともすれば、「私がイメージしている未来のあなたが好きだから、そこに近づくために努力して」というメッセージにさえ映ってしまう。というか、この手のアドバイスをする女は（私も含めて）、**勝手に描いた将来の彼の姿を、多少なりとも担保にして付き合っているところがあるのではなかろうか。**

バリバリ働いている女には、男の仕事の粗《あら》が見えるときもあるだろう。だが、尋ねられる前に、決してアドバイスを口にしてはいけない！　女からのダメ出し気味の的確なアドバイスに、余裕をカマせる男はそうはいません。男女にかかわらず、熱心に働いていればいるほど、自分の仕事人生を他者にプロデュースされるのは嫌なものです。

私の最低なエピソードとして、男に転職を勧めた挙句「私の方がこういうの得意だから」と男のエントリーシートを書いたことがあります。当然、ひどく嫌な顔をされました。それ以降、転職活動についてもあまり話してくれなくなりました。

たとえ自分の方が得意なことがあっても、それをあからさまに示す必要はゼロです。私が書いたエントリーシートで審査に通っても、男がそれを心底喜べるわけがない。「手伝って」と頼まれてから手伝えばいいわけで、放っておけばよかったんですよねー。

041

彼に「保険に入れ」と言ったことがある。

いい年して保険にも入っていない男が好きな、自分の方が問題だ！

結婚相手が生命保険のひとつにでも加入していないと、不安になるのは自然だと思います。が、付き合っている段階で「保険に入れ」というのは、男に「変わってほしい」と願う気持ちの氷山の一角。**保険は単に、安定志向への変化の象徴**かと。

私たち未婚のプロが、結婚を視野に入れるとロクなことが起こりません。先に備えることにまるで興味のない男に保険を勧めてみたり、フリーランスで自由闊達なところに惚れた相手に、組織に属する転職を勧めてみたりする。これは、自分が男のどこに惹かれたのかを自覚していないばかりか、男の人生や価値観を尊重していないことにもなります。魅力と不安はニコイチ。嫌なら別れればいい。なにより、保険を勧めるのは、結婚してからでも遅くない！

本来なら保険が必要な無鉄砲な男ほど、備えることに意義は見出しませんし、彼らにとって「そろそろ保険に入ったら？」という言葉は、余計なおせっかい以外のなにものでもないのですよ、残念ながら。私も「彼のためを思って」という都合のいい言葉を使っていましたが、「彼のため」は嘘ではないにしても、そこには**自分が自分の思うように安心したいだけの、勝手な願望**が含まれていました。

ズルズルと未婚を続ける私たちは腹が括れないから、賭場が整っていなければ怖くてなにも賭けられない。一方で、破天荒なタイプの男とあっさり結婚する女は、リスクのある賭けを賭けとも思わない、強靭なメンタルを持っています。だから、彼女たちは決して、男の夢や希望を邪魔しない。30代になって独立する男もいますが、嫁が反対して困ったという話は、ほとんど聞いたことがありません。それどころか、夫が好きなことをやれるように、多めに貯蓄している嫁までいる。なのに私たち未婚のプロときたら、横で緑のおばさんのように「はい、ここ危険。迂回、迂回」と旗を振り続けて疎まれます。男にしてみたら、超邪魔。人の人生に干渉しすぎない女は、本当にかっこいい。女の私が、プロポーズしたくなるほどです。

042

彼に野菜を食べさせようと奮闘している。

余計なおせっかいです。

グリーンスムージーを出して「栄養バランス、気をつけなきゃダメだよ」と諭してみたり、肉汁が滴り落ちるようなギョウザが好きな男に、キャベツだけギョウザみたいなものを作ってみたり……。いい奥さんアピールは、彼が結婚をがっつり意識してからでも十分間に合います。**未婚のプロがやりたかったのは、単なるお嫁さんごっこ**でした。

素直な男は、女の心遣いをすんなり受け入れます。しかし、男の不摂生を責め、健康を気遣うような行動を押しつける女に限って、のちのち「私はあなたのママじゃないのよ！」などとブチ切れる。貴様が率先してママ役をやってたくせに！　と、私は鏡を見て叫ぶわけです。

これは、私たち未婚のプロの、アラサー時代の大きな反省点。健康を気遣ういい女を気取って、ウットリしたかったただけかもしれません。やるなら、押しつけにならない方法を考えればよかった。二日酔いの男に、しじみの味噌汁をそっと出すぐらいでよかったのです。

そもそも、野菜を食べない男、煙草を吸う男、酒を浴びるように飲む男と、好き好んで付き合っているのは自分です。ならば、**男の嗜好を尊重するのが先**なのです。調子が悪そうなときや困ったときにだけ、さりげなく役に立てる方が女の株も上がる。自分だって「ホントおまえはダメだなー」とニヤニヤしながら、なんにでもケチをつけてくる男とは、結婚したくないじゃないですか。付き合うのだって嫌ですよね。

特に私のように、語気が強かったり、弁が立つ女は細心の注意を払った方がいい。かなり気をつけていても、「ダメ出ししないでくれ」と言われることもありますからね。こちらとしては「した覚えねぇよ！」と思うんですが、正論は時として人を傷つけるということなのでしょう。まぁ、そういうことにシュンとなるナイーブな男が好きなので、そこは常にすいません。ホントすいませんせんと謝っています。

043

雑誌に書いてある「彼をその気にさせるアプローチ」を鵜呑みにした。

「その気にさせるアプローチ」自体に罪はありませんが、それをやった女は必ず見返りを求めます。

雑誌にはご丁寧に「私はこれで成功しました!」という体験談までついていますから、効果がなければがっかりするのは、ごく自然。しかし、その気にさせるアプローチが失敗したら「アプローチ方法」をクサせばよいものを、なぜか「その気にならなかった男」に腹を立ててしまう。これは、**アプローチが功を奏さないのは、自分のせいではないと思っているフシがある**からです。が、頭を冷やして考えてみれば、それは勝手すぎるということがわかっていただけると思います。

人の気持ちを支配的に操る方法は存在しても、こちらの思いどおりの結果を愛する人から引き出す方法を、マニュアル化するのは難しいと思います。この違い、伝わるでしょうか。完全なる支配には冷徹さが必要です。だから、気持ちを操ろうとする相手が「掛け値なしに愛する人」では、支配が成立しないのです。掛け値なしに愛する人に、冷徹な態度を取り続けるのは無理でしょう。そして彼を思いどおりに支配したいという欲が強いとき、それを愛情と呼ぶのはおこがましい間違いだったと、私たち未婚のプロは大けがをしながら学びました。

また、そのアプローチ大作戦が、自分のとりたい行動とピッタリ重なっていれば、女の心に余計な負荷はかからないでしょう。一方で、少しでも「こんなことまでして……」という考えが頭をよぎるならば、見返りがなかったときの苛立ちと落胆はかなりのものです。そして、私たち未婚のプロの実体験によれば、往々にして彼はその気にならず、見返りはもらえないことが多い。それに対する怒りを覚えても、「頼んでもいないことをやって、なんで怒ってるの?」と呆れられ、プロポーズは前よりもっと遠くなってしまうのでありました。あーあ。

044

彼に花を持たせようと、力不足を演じたことがある。

オスカー級の演技力がある女以外は、意に反してこの作戦で男の心をえぐります。

重い荷物が持てない、機械の接続がわからない、それが真実ならば、付き合っている相手を頼りにするのは妥当です。しかしそれが「男を優位に立たせ、相手の気分をよくさせるための演技」ならば、バレたときのダメージはデカい。だって、それって親戚の子供相手にワザとゲームに負けてあげてるのと一緒じゃないですか。やられた方は「バカにすんなよ」って話になりますよ。私は30代半ばまでこれに気づかなかったけど！

確かに、こうした「彼に花を持たせるような力不足アプローチ」は、付き合い始めは功を奏します。なぜなら、こっちの正体がバレてないから。「俺って、彼女にとって頼りがいのある男なんだな」という実感は男たちの大好物ですし、**女の方も女の方で、力不足を演じる**

ことで、彼がスーパーマンに見える不毛なマッチポンプに酔いしれるのは、ちょっと楽しい。

しかしながら、付き合ってしばらくしてから突然こんな行動をとっても、それらはことごとくバレる。結婚の話がまったく出てこないことに焦って、いきなり「あなたがいないとなにもできないのよ」みたいなことを言ったりやったりする女がおりますが、それがプロポーズにつながったという話は聞いたことがありません。むしろ、「これはなんかあるな……」と男を不安にさせます。「安易に男に頼らず、なんでもガンガン自分でやる」のが愛されている理由だった場合には、自ら魅力をそいでいることになりかねません。普段は男女平等風を吹かせて好き放題生きていたのに、社会圧によって急に結婚しなければいけない気になってしまった、未婚のプロが陥るトラップです。

そんなとき、未婚のプロは「結婚できる女っていうのは、結局頼りなくて『俺がいなきゃダメなんだ』と思わせるような女だ」と、普段はバカにしている女を模倣しようとする。その時点で、結婚できる女をバカにしすぎなわけであります。そしてまた振り出しに戻るのであります。メビウスであります。

045

女友達や家族よりも、彼を優先することが圧倒的に多い。

呼び出せばすぐに出てくる女は、そりゃ簡単に呼び出され続けます。そして、簡単に呼び出される女が、無事に嫁となって幸せに暮らしました、という情報は、いまだ確認できておりません。

以前なら飛びついたであろう、女友達からの楽しそうな誘いを断ってしまう。家族の誕生日なのに、食事会に参加する気になれない。そうなったらイエローカードです。「彼と会いたいから」「その日は彼との約束が入るかもしれないから」と断り続け、気づいたときには、友達や家族とは疎遠になってしまいます。

これもまたバランス問題なのですが、**すべてにおいて、なによりも付き合っている男を優先し続ける女も、すべてにおいて、付き合っている男を特別扱いしない女も、最終的に嫁には選ばれない、というのが私たち未婚のプロの結論です。**

私が収集いたしました男性陣の話によりますと、なによりも男を圧倒的に優先する女は、依存されているようで「重い」「めんどくさい」。もしくは、自分の思いどおりになる都合のいい女として、雑に扱われる。もっと好きになってもらおうとしてとった行動が、裏目に出てしまうパターンです。悲しい！

また、簡単に手に入らないものに執着するのは男も女も一緒なので、言うことばかり聞いていると「おもしろみがない」とも感じるようです。面倒くさい！

かといって、彼を後回しにして他の人間関係ばかりを優先していると、今度は「俺は必要ないんだわ……」と落ち込む。ごめんなさい！

この話で覚えておいていただきたいことがあります。従順な前の彼女のことは雑に扱い、結婚をのらりくらりと逃げていた男でも、相手が変われば驚くほどあっさり宗旨替えをして結婚する。その姿を、私たち未婚のプロは対岸の火事として何度も見てきたのであります。

どんな男と付き合っても結末が同じならば、**すべての恋愛に共通している唯一のことは「自分」なのですから原因は……というホラー。**

そういう男ばっかり好きになるのか、そういう男になるように自分が仕向けているのか、風呂に浸かってゆっくり考えてみるべし。

046

彼よりも、女友達や家族を優先することが圧倒的に多い。

前ページ

×日は？
じゃあ今日、
だったら
○日はどう？？
あー
ごめん
そこも
ミケ子と
シャム美と
ごはん行く
からムリー

参照のこと。

＊注　すべての項目において、
極右と極左の女は「未婚のプロ」へ、まっしぐら！

047

彼の男友達が、ことごとく独身だ。

独身男の結束は、
ときに「いつか女ひとりぐらい幸せにしてやりたい」という
男のロマンを後回しにさせるほど、固い。

属性が似通った仲良しグループは、男にとっても女にとっても、頼もしい存在です。しかし、ひそかに比べてしまうポイントは、男女によって異なります。**女の場合は「結婚」で、男の場合は「キャリア」**です。女は俗に言う適齢期で結婚した方が、やっぱり幸せだという社会の目がまだまだございます。ですから、自分より先に女友達に結婚されると、やられた！　という気分になります。しかし、男の場合は様子が違うようです。

たとえば28歳の独身男。学生時代からの男友達と、週末は朝まで飲むのが俺スタイル。結婚したら、家に縛られてお小遣い制になって……、そんな生活は「ダサい」という同調圧力が、この男の仲良しグループの中にあったとしたら、そこから一歩を踏み出すのは至難の業です。

男性同士の遊びに彼女同伴で行く男は、彼女をパートナーとして友人に認識させたいという欲望があるので、まだ家族になる気があるでしょう。しかし、「男の遊びに女がついてくるな」というタイプの彼の場合は、相当に難しい。そんなとこも含めて彼なんだと思って半ば諦め、レッツ石の上にも3年シットダウン。**男の友情問題は、女がどうこうできる範疇の話ではない**と、未婚のプロは知っています。

周りが早く結婚する環境かどうかは、男の選択に大きな影響を与えます。ですから、20代半ばでも、周りがどんどん結婚していく環境にいると、貯金があろうがなかろうが、仕事が忙しかろうがヒマだろうが、その波に乗って男は平気で結婚していく。これは私が音楽業界（結婚が遅い）から異業種（結婚が早い）に転職したときに、目ん玉が飛び出るほど驚いた現象でした。そこでは、結婚ぐらいしていないと、男として一人前ではない、という同調圧力が働いていたのかもしれません。

彼女の常識＝彼氏の常識ではなく、彼氏が身を置いている環境の常識＝彼氏の常識です。

048

彼の名字の下に、
自分の名前を書いた紙を
見つけられてしまった。

重い。

＊注　画数とかね……気になることもありますよね……。
私もやったことがないとは言わない。
でも、見つかっちゃダメだ。隠密にやるんだ！

049

彼の名字の下につける、画数のよい男女の名前をすでに調べ上げている。

怖い。

＊注　妄想は自由。
でもこれも、バレちゃダメ、ゼッタイ！

050

過剰な子供好きアピールや、過剰な子供嫌い宣言をしている。

子供好きも子供嫌いも、
プロポーズの前では下衆の勘繰りを招きます。

飲み会で率先して料理を取り分けたり、空の写真ばかり撮ったり、人前で子供を可愛がったり、女の自己演出には枚挙にいとまがありません。その中でも、「女の子供好き」という嗜好性は、かなり扱いづらいものです。それを訝《いぶか》しがれば、逆にこちらの冷血さが浮かび上がる。しかし、子供をダシに自分の見え方を演出しているか否かは、しばらく様子を見ていればわかります。本当のヨガ好きか、ヨガ好きアピールからのいい女演出なのかが、体型とヨガグッズのアンバランス具合から、バレてしまうのと同じです。……ということまでが、実はすでに下衆の勘繰り。**本当に子供好きな女でも、結婚願望があれば「アピール」と斜に構えたところから見始められる、ポイズンな世の中です。**

ガチの子供好きは、相手が新生児だろうが魔の2歳児だろうが、しゃがんだ姿勢でずっと子供と遊んでいます。つまり、そこまでやって「ああ、この人本当に子供が好きなんだな」と、ようやく伝わる。

試しに、ある未婚男性に「子供好きの女ってどう?」と聞くと、「ああ、子供をかわいがってる間に、チラチラっとこっちを見られてるような気になるよね」と即答されました。なるほど、警戒している。結婚にも子供にも、興味のない独身男性にとって、子供好きアピールは脅威なようです。自意識過剰!

一方、**女が子供嫌いを明言することが「一生子供はいらない」と同義ではない場合もあります。**出産によって、自分の人生がコントロール不可になるのが怖く、子供嫌いを自称する女もいるでしょう。また、中年を超えると、今後子供ができない可能性を考え「子供はいらない」と未来に保険をかけ始める未婚のプロもいる。その辺の機微は、なかなか人には伝わりません。

「女は子供を産む体を持っている」と、男はざっくり思っています。それゆえか、結婚願望のある未婚の女が、付き合っている相手の前で「子供」という言葉に対してどの態度をとっても、下衆の勘繰りを100%防ぐことは難しい。本格的に結婚の話が出てくるまで、この辺のことは、ふんわりさせておこう!

051

男運が悪い。

嘘だ。

「男運」なんて、ないと思います。「運」とか「縁」は、言葉では説明しきれない事態を目の当たりにしたときに、いいことなら、すべては自分の実力だと過信しないため、悪いことなら、自責の念に駆られて身動きがとれなくなるのを防ぐため、怖気づいたときには、ゲンを担いで自分がブレないようにするため……そういうときに便利な言葉だなー程度に、私は思っています。

「男運が悪い」というのは、「毎度毎度、恋愛でよくないことばかりが起こる」という意味だと思います。しかし、**恋愛でよくないことばかり起こる理由は、ある程度、言葉で説明がつく**と、賢明な未婚のプロたちは気づいています。運に丸投げする前に、「自分」と「悪い結果」の因果関係を考えた方が、次で同じ失敗を繰り返す確率は下がる。

仮に、毎度毎度、男からひどい目にあわされる、自称「男運の悪い女」がいるとします。

彼女がひどい目にあうのは、闇の組織から強制的に悪い男を押しつけられているのでもない限り、彼女が悪い男を選んでいるから。もしくは、どんな男も悪い男にするような行動を、彼女がとっているからです。自分の選択や行動が引き起こしている結果を、運のせいにしているだけ。

また、「あの子は、男運が悪い」と友達に思われている女がいるとしましょう。そう言われるに至った恋愛相手の男全員に、友達が直接の知人として関わっていることは稀です。**「ひどい男ばかりだ」と周囲の人間が思っている理由は、女の口から語られる男の像が、毎回ひどいから。**そして、女が毎度、幸せそうではないからです。つまり、男運が悪いと周りに思わせているのは、その女の言動が原因です。そして、幸せそうでない姿が、女の自分勝手な期待を裏切られた結果の産物だとしたら、女が考え方を変えない限り、一生その男運は悪いまま。

だからと言って「今の男はグーで殴らないから、男運上がってきた!」とか、そういうのもやめてほしいですね。それも、運じゃない。

052

仕事が忙しすぎて、彼にかまっていられない。

嘘です。

お仕事、おつかれさまです！

仕事が忙しすぎて、男に時間が割けない。そして、男から「いつヒマになるの？」と不機嫌そうに尋ねられるも、手帳は来月も真っ黒……。よく働く未婚のプロたちに、ありがちな話です。ついこの間までは、女の専売特許だったはずの「仕事と私、どっちを選ぶの？」に、ついに男女平等の夜明けがきました！

私たちは「仕事が忙しすぎて、恋愛が疎《おろそ》かになる」ことについては後発者です。ですから、先発の男たちが試行錯誤した道を、同じように辿る必要はない。一日も早い男女共同参画社会を目指すなら、なにごとも、男と同じ時間をかけてやっているヒマは、ないのであります。

だから、こんなことで喧嘩している場合ではない。

ここで一回、視点を変えてみましょう。「彼にかまっていられない」理由は、仕事が忙しいからだけなのか。

たとえば、**仕事が忙しすぎても、自分のキャパがもっと広ければ、男に気を配ることはできるという仮説。たとえば、男に割く時間を増やすため、ヒマな仕事に転職するという選択。仮に一日が36時間になったら、追加の12時間を男に充《あ》てるのか？ という疑問。**

働きすぎの未婚のプロたちは大切な人を失って、気づきました。どうしても手放したくない男なら、仕事を変えるか、自分のキャパを広げて、ないがしろにしていないことを伝えるしかない。先発の男たちが、よく躓《つまず》いたポイントです。

仕事を変えたワーカホリックの未婚のプロは、ヒマな仕事に転職したのではなく、独立したり、自分で時間配分ができる立場に昇進して、何人かは元・未婚のプロになりました。

私を含む、なにをどうやっても仕事が好きすぎる未婚のプロたちは、一日が36時間になっても、追加の12時間のうち8時間は仕事をしているでしょう。プロポーズされるよう頑張るよりも、仕事を頑張りたい女は、好きな男をがっかりさせない気遣いができるよう、キャパを広げていくしかありません！ そもそも、仕事が好きなのは、結構なことじゃないですか。結婚に意識が向かないから自責の念に駆られるなんて、バカみたいな話ですよ。

053

ミネラルウォーター以外の水を飲まない。

沸騰させたミネラルウォーターでカップ味噌汁を作れば、それは金持ちの飲みもの。

水はあくまで「こだわりのライフスタイル」の一端で、「水はすべてミネラルウォーター」の一言が、すべてにおいてハイメンテナンスな女（＝金のかかる女）であることを暗喩します。家にウォーターサーバーがあったり、お風呂のシャワーヘッドがカルキを抜くタイプのものだったりね。いや、個人の自由なんだけど。いいんだけど、**ハイメンテナンスな未婚のプロ、みんなまだ残ってるから……。**

ハイメンテナンス女を「満足させがいのある女」「意識の高い、いい女」と見なすのは、相当な稼ぎと社会的ステータスを持つ男と、同じようなこだわりのライフスタイルを持つ男です。「帰宅したら水道水をゴクゴクだ！」という男にとっては、ちょっと負荷が大きいかと。そして、まだまだ多くの男が、水道水をゴクゴクすることに抵抗がありません。

たとえば、「コーヒーでも飲む？」と男がヤカンに水道水を入れた瞬間、女の口から思わず漏れる「あっ……」という小さな声。「水道水はムリ」とは明言しなくとも、こうした「あっ……」がたびたび重なると、男は息が詰まってしまうようです。**「意識の高い女、めんどくせぇ」と思われて終わり**です。

「オーガニック以外の野菜は食べない」も、言っていることは同じ。男が同じ価値観ならば、ふたりでずっと有機野菜だけ食ってろという話ですが、「夜中のカップ焼きそばがやめられない……体に悪いと知ってても、やめられない！」という男と付き合っているなら、最終的にマルッと「食べ物の好みが合わない」と言われて終了。

水や食べ物は、愛とか恋以前の生活に直結する話ですから、こだわりが強いのであれば、同じこだわりを持った男を探して、プロポーズを待ちましょう！

054

彼のあと、トイレの便座が下がっていないことでキレたことがある。

古くから女たちを悩ませる便座問題。
なかなかその不快感が相手に伝わらない便座問題。嗚呼、便座問題。

どんな女でも、便座が下がっていないことに、最初からキレはしないでしょう。何度言っても便座を下げないから、「前にも言ったのになんで⁉」とキレてしまう。
昔、槇村さとるさんのマンガにこんなシーンがありました。何度言っても男が便座を下げないので、女は便座の上がった便器にわざとハマり「キャーッ！　お尻がハマっちゃって動けない‼」と男に助けを求めたのです。男が便座を下げないと、大切な彼女は本当に困るんだということを明確に、怒りもしないで伝えた……天才や！　（でも現実には汚くてムリ）

私たちは、数回伝えたことが実行される気配がないと、「なぜわかってくれないの？」と自分の権利が侵害されたようにキレがちです。これは**女が自己都合を最優先させているか、男にわかりやすい説明をしていないかのどちらか**だと、未婚のプロたちは試行錯誤の末、気づきました。男からすれば、勝手に取り決められたことに対し「約束を破った！」と言われているようにしか、聞こえていなかったのですよ。

便座問題はあくまで一例で、男にしてほしいことがあるときは「わかってくれない」ことに軸足を置いて怒るのではなく、きちんと「なぜそれをやられると自分が困るか」を説明した方が圧倒的に伝わります。理屈と心情をおだやかにセットで伝え、決定権を預けると、「じゃあ、俺の判断としては、困られたものに対してこう対処することにしよう」と考えるはずです。クラクラするほど面倒くさいけど、結果的にこっちの方が早いんだこれが。

たとえば便座ならば、世の女子便所はそれが洋式である限り、便座が上がっていることは決してないこと、便座の裏の排泄物の飛沫を見たり、触れたりするのが生理的に嫌なので、気分が悪くなることをおだやかに伝える。まぁ、便座が下がるようになったからといって、結婚できるわけでもないんですけれどね。

055

付き合い始めてから
かなり太ったうえに、
彼の家ではだいたいジャージ姿だ。

ジャージ、楽だもんな。
特にボトムスね。わかる、わかりますよ。

だがしかし、男の家でも自分の家でも、常にユルユルの格好をしている私は未婚です。ジャージを脱げば結婚できるわけでもなかろうが、「結婚したら、一生ジャージ姿なんだろうな」と萎えてしまう男がいることも確かです。まぁ、その推察どおりなんですけれども。
いますよね、朝起きたらメイクも終えてきれいな服に着替え、パキッとしている奥さんが欲しい男。女にも、汚い格好をしているのを人に見せたくない女、彼が望むなら……と、休日も朝からちゃんとした格好をする女もいる。

自分の前でリラックス（素顔を見せるなど）してほしいのと、ダラけすぎないでほしいの境界線は人それぞれ。男の中にも「女が家でジャージ姿でも、気にならない」という人もいるし、事実、私はそんな男としか付き合えません。以前、朝から正装マンと付き合っていたときには、あまりの息苦しさとウエストのキツさに耐え切れず、別れてしまいました。

長きにわたる同棲や、付き合ってから10kg太るのと同じく、慣れ合いの空気が増えると、「この女を他に取られたくない」とは思われなくなり、プロポーズは遠ざかります。ダラけないのが無理ならば、プロポーズされるまで、男の家に泊まったり、入り浸ったりしない！

「人を見た目で判断するなんて……そんな男、願い下げよ！」

と言うのは自由ですが、**願い下げたり下げられたりの繰り返しが、大量の未婚のプロを生んでいるのです。**

「家でもちゃんとした格好をしていてほしい」という以外は、何も問題がない男なら、ちゃんとした格好をしてプロポーズされて、嫁になってみてよ、私たちの代わりに。

女らしい容姿や生活態度で判断されるのが嫌ならば、そういったことに寛容な男を最初から選ぶ。意外とたくさんいます。ただしその場合、女の側もわかりやすい「男らしさ」を男に求めるのはやめておきましょう。なにごとも、そういうところはイーブンにいこうではありませんか。なんにせよ、女の気の緩みがプロポーズにつながることは、まずない。

056

嫉妬させようと、他の男から口説かれた話をしたことがある。

やきもちを焼かれるどころか、「おーい！　早くプロポーズしろ！」と男の脳で翻訳され、恥をかくのは女になります。

男の性格、ふたりの交際時期、相手の温度によっては、効果的な方法でしょう。付き合い始めや、男の気持ちがちょっとたるんだときにうまくやれば、うまくいくこともあるやもしれず。そして、「悪魔のようにいい女」がやれば、状況に関係なく、常に功を奏します。

私が心配していることは、他でもありません。**「このままじゃ一生独身《シングルフォーエバー》？」と思って、この本を手にしている時点で、あなたは小細工や演技のうまい女ではないはずです。**未婚のプロ予備軍として、すでに数々の優秀な成績（＝失敗）を収めているはずなのです。そんな小細工のうまくない女が、そのつもりもないのに「私、どっか行っちゃうわよ」という下手な演技を見せても……アーッ！　想像しただけで、私たち未婚のプロの大根役者時代（現在は引退）を彷彿とする！　プロポーズを焦るあまりに他の男の影をチラつかせて、結婚を勝ち取った未婚のプロはおりません。

　また結婚をためらっている男の中には、萎えるポイントを無意識に探している意地の悪い輩《やから》もいるので、学芸会レベルの演技が「こいつと結婚ないわー！」につながったら、死んでも死にきれませんよ。

　ただ、今の男がグイッとあなたの手を引っ張って、他の男に取られないよう抱き寄せる例外が、ひとつだけあります。演技ではないときです。女の意識が自分に集中してない（そして残りの意識は他の男にからめ取られている）ことを感じると、男は闘争心を煽られ独占欲をかきたてられ……るんですよ本当に！　女がブスでも、デブでも、おばさんでも！

「悪魔のようにいい女」は、これを自由自在に行える女です。他の男から口説かれた話などはせず、ちょっと他の男に意識を残したままで、今の男に接するのです。どうにかして、弟子入りしたいですな。

057

そういうテクニックにひっかかる男は、全員バカだと思ってしまう。

姑息な女のテクニックを使って、
それが功を奏したら奏したで動揺する。

女らしさの欠如を自覚する女が、女らしさをかたちだけ盗用し、功を奏したことにイライラして自己嫌悪。ますますステレオタイプな女らしさを嫌いになる一方で、「結局、そういう女らしさが男は好きなんだ」と、思い込んで自家中毒を起こす。そして、「冷めるわ〜。もうちょっと骨のあるヤツだと思ってたわ〜」「あ、こういうの引っかかっちゃうんだ、この人。残念」

というふうに、それを男のふがいなさに転嫁しているのであります。はい、私たち未婚のプロも、若かりし日に延々と繰り返してきました。

それにしても、どうしてこんなことをしてしまうのでしょうか。

30歳過ぎの未婚女性の話を聞いていると、「家事、育児も平等に分担できる人じゃないと」と言うわりに、マッチョな男にフラつくなど、言動の矛盾がままあります。突き詰めて考えれば、自分が恋愛や結婚に求めているもの、人に支えてほしいという思い、自負やプライドがごっちゃになって、自分自身に折り合いがついていないのだと思います。正直に言えば、私もまだ、そのあたりの折り合いがついていません。

自分自身を見つめる前に、ただ漠然と結婚を望んでいると、私たちと同じ長期未婚の轍を踏むことになります。また、心にもない媚びを売って人を試すようなことをしても、いい結果には結びつきません。姑息なテクニックに引っかかってくれたなら、ヤッター！　と喜べばいいものを。少なくとも「プロポーズされない」と悩む前に、なぜ人を試すようなことをしてしまうのかを考えてみると、見えていなかった自分の不安が、見えてくるかもしれません。

はーっ
ほーんと
ダメよねー
あの程度の
テクにひっかかる
なんて

058

「俺についてこい」というマッチョな男と付き合った試しも、惹かれた試しもない。

「幸せにするから、俺についてこい！」とプロポーズされたいなら、精神的にマッチョな男と付き合った方が早い。

こちらに都合のいいときだけ、男らしくなってほしいと思っても、なかなかそうはいきません。私たち未婚のプロは、今ではそれを諦めました。普段こっちが仕切りまくったうえで、「プロポーズぐらい、ビシッと決めやがれ！」と昔の私たちは思っていました。が、そんなドラマみたいな展開、あるわけがなかった。**だって、その手のプロポーズをする男は、常時なにを決めるのも男主導。**それが嫌で、私たちはそうではないタイプとばかり、付き合ってきたんですから。

かつて、のちに男気あふれるプロポーズを経て結婚したカップルと、食事に行ったときのことです。驚いたことに、少し遅れていた男が到着するまで、女はメニューを開こうともしませんでした。私が料理を選ぼうとメニューを見ていると男が到着し、なにも断らずにすべて注文を決めてしまった。私はカチンと来たのですが、残念ながら、テーブルに並んだ「私だったら絶対オーダーしなかったであろう数々の料理」は全部おいしかったのです！　女は、男がレストランでは自分で注文を決めたがるタイプで、選ばれた料理はおいしいと、経験則でわかっていたのでしょう。だから、メニューを開かなかった。私は「たとえそうだとしても、せめてなにが食べたいか聞いて！　それがマナー！」と思ったのですが、このカップルは、引っ張りたい人と、引っ張られたい人が対になっていたから、うまくいっていた。**男気あふれるプロポーズは、一日にして成らず**でした。

常に主導権を握るタイプの男が苦手で、その手のタイプを瞬殺で恋愛対象外にしてきた未婚のプロたち。もし心当たりがあるのなら、今の男（もしくは過去の男）がビシッとプロポーズを決められないと愚痴るのは、ちょっと時間がもったいないかも。全部の選択権をあなたに委ねつつ、尋ねたときだけベストを決めてくれる男がいるとしたら、それはホテルのコンシェルジュ！　金払え！

059

そういう男に、
引かれることはよくある。

あるある、

よくあるね。

＊注　「俺についてこい」というタイプの男性に、
「この女きつい」「強い」と引かれたことが、何度もある筆者です。
大変、生意気に思われるようです。
でも自分の中に、実は好きな男には甘えたい、
頼りにしたいという願望があるのなら、それを素直に出していった方が、
望んだ態度はスムーズに出てくることが多いよ。相手がどんなタイプであれ。

060

彼の友人に初めて会ったとき、自分の失敗談やバカ話ばかりした。

そこは笑いをとって、盛り上げなくてよいのであった。

はじめまして！　私が来たからには、普段より楽しい空間をお作り……しなくてよいのです。思わず腕まくりをしてしまうその心意気、はたまた人見知りが逆噴射した喋りすぎ、痛いほどわかります。バカ話や失敗談は、人にたくさん笑ってもらえる話です。私たち未婚のプロのように、初対面の人ともすぐ仲良くなれる、鉄板バカ話を持つ猛者もいるかもしれません。が、初めて彼の友達に会うなら、しばらくは普通に様子を見ていればいい。なぜならそこは、彼と彼の友達の場だから！

過剰なまでに料理を取り分けたり、飲みものをまとめてオーダーしたり、みんなが知らない、彼のこんなとこやあんなとこを発表したり……。これらは、**場の尊重より自分の場固め**

を優先した行為です。私たち未婚のプロが、それに気づくのは遅すぎました。自分のペースで「生の人────!」と初対面の人に挙手をさせ、彼の友達のボケに鋭く突っ込み、バカ話を延々と繰り広げる。その場は盛り上がったものの、結果的に彼はドン引き。恥ずかしい話を披露された、彼のメンツは潰れっぱなし。**仕切り好きの傲慢な女と、自分に自信のない女は、どちらも人に下駄を預けることができないのが特徴**です。

その場の仕切りが悪かろうが、ちょっと微妙な沈黙が流れようが、自分が率先してエンターテイナーになる必要はありません。そこはブロードウェイではないのだよ。これは「女だから、大人しくしていろ」という話ではなく、単純に場の問題。彼を自分の女友達に会わせたとき、場の空気を乱すようなことをされたら嫌じゃないですか。そう考えればすぐわかるのに、その場に行くとテンパってわからなくなっていたのが、若かりし日の未婚のプロ。人の場を間違ったサービス精神で乱しただけだったと気づいたときには、プロポーズははるか彼方でした。

自分の話で場を盛り上げるのは、せめて何度か会ってから。彼の場になじんでからでも遅くない!

061

彼と連絡が取れないとき、連続で3通以上メールを入れたり、留守電を残しまくったりしたことがある。

数時間連絡が取れなかったからといって、人が死んでいることはほとんどありません。

少なくとも、これで彼氏が死んでいたとか、大きな事故に遭っていたという人に、今まで私は一度も会ったことがない。女友達だったら放っておけるのに、付き合う相手となると平常心でいられなくなるのは、未婚のプロも一緒です。

一日連絡が取れないとしても、ヤツの一日はヤツの一日。マメに連絡を取りたがるのは女のサガですが、相手はなにか理由があって連絡してこなかったはずです。仕事が忙しく、なにかのトラブルに対してひとりで考えたいから、ちょっと放っておいてほしい。そういった理由で、男の携帯電話が放置されることは、珍しくありません。

仮に、3通連続でメールを送っていても、男がその3通を同時に確認したとき「あ、心配してるんだ、ゴメンゴメン」と思えるライトな内容であれば、問題はない。しかし、連絡がつかないことで不安が増長してしまい、挨拶↓催促↓心配↓激怒のひとり芝居を形跡として残すと、**「彼がどうかなっているんじゃないか」というこちらの心配ではなく、「私がどうかなっている」こちらの状態だけが伝わってしまう**のでありました。

一息ついた男が開いた携帯には、大量のＬＩＮＥ、重いメール、着信履歴、留守電のマーク。「ギャーー！　俺の自由が侵食され、束縛され、拘束される！」と絶叫されても、デスヨネーって話です。さらに、「自分を最優先させないとムズかる女」「不安を自分で解決できない女」という印象を持たれたら心外極まりない！（いや実際そうなんだけど……）。そんな女に「もう心配はいらないよ」とプロポーズする男は、おそらくいないでしょう。

連絡が取れなくても、一日ぐらいドーンと構えていればいいんでしょうね。まあ、それを頭でわかりつつ、私もいまだに精神的余裕がないときは、待ちの態勢をキープするのに、相当の体力を要します。でも、とにかく、**女友達相手にやらないことは、彼氏にもやらない方がうまくいく**んだなぁ。

062

彼が自分のどこを好きなのか、よくわからない。

付き合っている相手が自分のどこを好きなのかわからない理由は、おおよそふたつに分けられます。

ひとつめ。自分に自信がなく、せっかく好きな男が出している愛情の周波数をきちんとキャッチできていない場合。「こういうところが好きだ」と言われても、自分に自信がなさすぎて、それを否定することまである。やりましたね。大いにやりました。相手が言った「ここが好き」のポイントが自分自身のコンプレックスだったりすると、もうそれだけでひと暴れしていました。尻が大きいとかさ。

人からの評価をそのまま「そういうふうに見える自分もあるんだ」と思えるようになるまでに、私たち未婚のプロはかなりの時間を要しました。しかし、**自分の見え方を人の目に委ねない（自分が見てほしいように見てくれないと怒る）と、いつまで経っても心がざわついた**

ままです。自分自身さえうまくコントロールできないのですから、人の目までプロデュースできないのは、当然と言えば当然でした。

そして「彼が自分のどこを好きなのかよくわからない」理由、ふたつめ。非常に悲しいお知らせですが、彼があなたのことをそれほど好きではない場合。惰性で付き合い続けていたり、それこそ本当の彼女がいて彼の二番手になっていたり。お互いさみしいから寄り添っているだけで、さして好きなわけでもないというパターン。

どちらにせよ、プロポーズされる確率はかなり低い。まずは彼と自分の両方を知っている周りの友達に、原因が自分にあるのか彼にあるのかを聞いてみたらどうでしょうか。**何度も言いますが、親しい友達は、一番よく見えている。**聞いてみて初めて、「彼はあんなに好きなのに、それを受け止めないのはあなたじゃない？」とか「夢中だったから言わなかったけど、あいつ（彼）はヤバイからやめておいた方がいいよ」などと言われて目が覚めるのですよ。困ったときは、信用できる友達に聞こう！

063

彼の言う「仕事が落ち着いたら」「もっと稼げるようになったら」が実現する日が来ると、信じている。

仕事は頑張れば頑張るほど、落ち着かない。
金は稼げば稼ぐほど、もっと欲しくなる。

20代の男が「仕事が落ち着いたら」「もっと稼げるようになったら」という理由で結婚をためらうのを、私たち未婚のプロは、何度も聞いてきました。我がこととしても、人ごととしても。こちらが痺れを切らして別れを告げると「仕事が落ち着いたら、しようと思ってたのに!!!」と逆ギレされることさえあった。が、**私は20代で仕事が落ち着いた男など、見たことがありません。**私見ですと、男の仕事がどうにか一段落するのは、少なくとも30代半ば。
でも、その前に結婚してる男性はたくさんいますよね。

ですから、「もっと○○できるようになったら」と言うのは、たいていが結婚することに腹が括れてないことへのエクスキューズ。

「仕事が落ち着いたら」「もっと稼げるようになったら」と今は思っていても、男がいざその状態に近づいたら、次の課題や不安が見えてくるものらしい。課題や不安が見つかり続ける限り、いつまで経っても、男が自分の状態に完璧に満足することはありません。つまり、「仕事が落ち着いたら」と「もっと稼げるようになったら」を理由にしている限り、結婚の優先順位は上がってこないのです。

それは、働く女も同じかもしれません。さすがに40近い未婚のプロで「仕事が落ち着いたら……」と言う女はもういませんが、20代後半から30代中盤までは「仕事が落ち着いたら、結婚を考える」と寝言を言っていた女、私を含めて結構いましたよ。もちろん、現在も未婚です！

しかし「もっともっと頑張らねば……」のプレッシャーをかけてるのは、実は女側というのもよくある話です。男に「今のあなたで、十分満足です」「たとえ四畳半でも、ずっと一緒にいたい」と示すだけで、行き詰まっていた状況が変わった例を、私は知っています。あ、口で言っただけじゃダメだよ。態度で示すんです。私はできません。よって、未婚続行！

064

ゼクシィの存在に、すべてのメッセージを託した。

結婚話が具体的になっていない場合、結婚情報誌は脅迫状。本当に重いんですよ。物理的にも精神的にも。

実際に結婚する段になれば、結婚情報誌は便利な実用書です。結婚式場やプランの相場を知ったり、情報を比較、検討したりすることができる。ふたりで一緒に読んでいるうちに、結婚がどんどん現実味を帯びてくるという効果もあります。ところが、**結婚をまるで考えていない人にとっては、非現実的な夢を押しつけてくる重い紙束でしかありません。**

以前、付き合って日も浅い彼女が、デートのたびに待ち合わせ先でゼクシィを読んで待っているという、世にも恐ろしい話を男友達から聞いたことがあります。都市伝説だと思っていたら、本当にいるんですね。

「彼女の姿とゼクシィを確認した瞬間、俺の体は固まった……」って、聞いてるこっちは楽しい話だけれど、やられた方はたまったもんじゃありません。「こんな重いものを、偶然を装ってまで持ってくるほど、この女は切羽詰まっている」と、**彼の中ではゼクシィの重さが結婚の重さにすり替わり、完全に萎えた**そうです。

雑誌などでよく見る「感情を口に出さず、さりげなくアピールしましょう」といった指南も、結婚以外であれば功を奏することもあるでしょう。ただ、こと結婚という二文字に関しては、さりげなく迫って気持ちを汲み取ってもらえたという報告が……少なくとも、こちらには一切入ってきたことがありません。そんなことをするぐらいならば、一度だけきちんと「結婚する気はあるの？」と聞いた方が、よっぽど知りたいことがわかります。くれぐれも、一度だけ、落ち着いてですよ。

あ、あとゼクシィを自分のリトマス紙にするのはオススメです。自分で買ってひとりで読んでみて、テンションがどんどん上がり、ドラマティックなプランが勝手に出てくるなら「結婚したいだけ病」。彼と自分のお財布事情、招待する人の顔が自然に浮かんでくるなら「結婚適齢期」。読んでいるだけで気が重くなるならば、ほら、私たち未婚のプロの仲間入り！

065

バレンタインやクリスマス、彼の誕生日に彼が期待する以上にロマンチックな演出をした。

男の役を、奪っちゃやダメだ。

男は、基本的に女よりロマンチシストであります。頼りがいのある男らしい人ほど、ロマンチック。知ってました？　私は30代半ばまで知りませんでした！

私たち未婚のプロ調べによると、**女を驚かせたい、楽しませたい、という気持ちを強く持っている男ほど、ロマンチックなうえにナイーブな傾向にあります。**女から、自分の想像しうるロマンチック稼働域を超えたロマンを提示されたり、逆に自分が考えうる以上のおもてなし返しをされると、ガラスのハートが粉々になる。「俺は……負けた！」と。そんなの、どうでもいいですよね。でも、相手はどうでもよくないらしいのです。

死ぬ気もないのに、未婚のプロたちの走馬灯をグルグル回してみれば、男の誕生日に、男が緊張する高級レストランに連れて行ったり、フランスから空輸で取り寄せたチョコレートをプレゼントしたり、喜ばせるつもりで、かえって男のやる気を去勢してしまったことがほとんどだったような気がします。

どちらが悪いという話ではなく、目的が「相手を喜ばせる」ことなら、エゴイスティックなびっくり演出より、相手が望む範囲のことを交換し合えばいいわけで。これ文字にすると「当たり前じゃん」と思いますが、行動となると、難しいんですよね……。そんな話ばっかりですね……。

私の女友達には「白いご飯が好きだ」という男の発言を聞き、何を間違ったか魚沼まで行って稲の収穫体験ツアーに参加、収穫した米を土鍋で炊いて、男に食わせた未婚のエリートがおります。あふれる愛情が彼女を突き動かしたのでしょうが、男にはあえなく「おいしいけど、君にそこまでの思い入れはない」と振られてしまった。こんなに悲しくておもしろい別れ話を、私は聞いたことがありません。

ロマンチシズムで男相手にマウント取っても、プロポーズには逆効果なのでご注意を。

066

ホワイトデーやクリスマス、誕生日に彼がプランしたロマンチックな演出を、受け止めなかった。

「ハッピバースデートゥーユー♪」
よかれと思って男が用意した、レストラン店員大合唱の演出。
このときに下を向いたり、男を睨んだことのある女に読んでほしい話です。

耳タコな話で恐縮ですが、男はとにかく、好きな女を驚かせたいし、喜ばせたい。女の驚き具合と喜び具合で、自分の価値が上がったり下がったりするのです。だから、喜ぶ女が大・好・物！

女が喜んでいることを実感することが、男が明日を生きる糧になる。言いすぎだと殴られそうですが、女はそれぐらいに思っておいた方が、警告として有効でしょう。ほら、私たちすぐ忘れちゃうから。

かなりのロマンチックナイーブな男の場合、ホワイトデーやクリスマス、誕生日などのプレゼントや演出が喜ばれないと、かなり落ち込むそうです。だったらもっと女が喜ぶことを、真剣に考えればいいのにねぇ……。しかしイベント好きな女友達が、自分の誕生日にサプライズで男と同じ演出をしたら、恥ずかしくても「わーい！」って笑顔見せますよね。**それが、プレゼントよりも、祝いたいという相手の気持ちを尊重して、感謝するという態度**ですから。言われなくても、女友達は思いやれるのが、私たち未婚のプロ。

ところが付き合っている男となると、演出に平気でケチをつけたり、演出の巧さで男を査定しようとしたり。そりゃプロポーズなど、夢のまた夢になってしまいます。プロポーズは最高にロマンチックに仕上げたいと願う男のプレ演出（誕生日）に、ケチをつけたら先に進まないのは自明の理！

ロマンチックな演出をされるのが嫌ならば、そういう男と付き合わなければいいではありませんか。でも、いつも冷静でマイペースな男には、女の「たまには、ロマンチックに過ごしたい」とか「ここはもっと、男らしくしてよ」という勝手なダブルスタンダードは通じませんよ。さぁ、どっちにします？

067

自分の愚痴は言うが、相手の愚痴は聞き流している。

「つらいときに私の話を聞いてくれない男は嫌！」と「愚痴をこぼす男は嫌！」を平気でいっぺんに言う女がいます。

なんでそんなことが言えるのか、不思議すぎます。「私はいいけど彼はダメ」な理由は？　私は女で、彼は男だから？　だとしたら「女なんだから○○しなよ」と男に言われても、ブチ切れちゃルール違反じゃないですかね？

イーブンであることを求めながら、まったくイーブンではない関係、**女だけが得をするシステムを作り出そうとする、顕著な例**です。ここから男がプロポーズしたいと思う環境を生み出すのは難しいでしょう。なぜなら、私たち未婚のプロが、それで誰も成功しなかったから！

人にとってはただの愚痴でも、自分にとっては重大な話、という類のものがあります。そういう話は、ただ聞いてもらえればそれでいい。女同士ならば、お互いにどうでもいい話を聞き流しながら、延々とおしゃべりを続けられます。しかし、男は「聞いてほしい」＝「なにかしら解決をしてほしいと思っている」と解釈するか、「たいしたことない、君なら大丈夫だよ！」と励ましますね。それで女に「なんにもわかってくれない！」と怒られる。どっちもどっちですが、自分の愚痴は垂れ流しておきながら、男の愚痴には「男なんだから、しっかりして」「仕事の愚痴ばっかりで、情けない」と文句を垂れるのは、不平等です。

普段は男女平等を指針にしているにもかかわらず、都合よくマチズモを求める気持ちはわかる。だって、常に男女平等でありたい気持ちと、弱っているときに頼りにしたい気持ちが混在することはありますから。そして、好きな男にはそれを両方受け止めてほしい。ならば好きな男に対して、私たちもそれなりに寛容な態度でいないと、トラブルになります。**女の甘えを無条件に受け止める、男のマチズモな対応は、フェミニンな態度と等価交換。**

愚痴を聞いてもらって、それでも尊敬してもらって認めてもらいたい。それを男の脆弱さだと切り捨てるのは簡単ですが、相手が弱っているときに正論はキツいですからね。

お互いをよく理解し合うまでは、あるときは流して、あるときは受け止めてと、うまくやっていった方が、たとえ未婚のままでも気持ちは楽です。

068

彼にお金を貸している。

金を貸している男に、プロポーズされたいか？

金を貸していると、なにを言われてもやられても「その前に金返せよ」という気持ちになります。それは、せつない話です。

どこかで聞いた台詞ですが、**貸した金はあげたと思った方が身のため**です。しかも、お金の貸し借りに対する考え方は人それぞれ。女同士だと、ワリカン清算でも「私が出すの足りなくない？　大丈夫？」と、100円単位まで気になりますが、男同士のやりとりを見ていると、大雑把！　5000円ぐらいまでは「あれっ、返してなかったっけ」「借りてたっけ」という感覚の人もいる。そういう人は、逆に返すときも多めに返したりするので辻褄は合うのですが、男女でこれをやられると、自分が安く見られているのでは？　利用されているのでは？　と、ヒヤヒヤしますよね。プロポーズどころの話ではなくなります。

069
結婚はしたいけれど、はっきり言って、男が苦手。

苦手なものにプロポーズされて、どうするの……。

男も女も、異性愛者なのに異性が苦手な人は、少なくありません。少女マンガの男以外は、ずるくて勝手で汚らわしくて最低だと思っているならば、それは現実とはかけ離れた世界を描い……まぁ、その辺はわかっているんですよね、たぶん。

ホントはこの苦手意識が一番問題だと薄々気づいているならば、**プロのカウンセリングを受けることを、真顔で勧めます。**数年前、仕事と男と家族の問題がいっぺんにやってきて、ちょっと発狂しそうだったとき、私はプロのカウンセリングを受けました。なにも知らない人に自分のことを説明するだけで、ずいぶん頭がハッキリ、心がスッキリしたものです。あれがなかったら、今頃完全にヤバかった！

070

「このままズルズル付き合うのはよくない」と友人や親に言われたことを彼に伝えた。

「私は別にいいんですが、人様はそうは思っていないようですよ」という話し方は、「私がゴネてると思われたくないので、人の言葉を借りてクレームを入れています」というふうに相手に伝わります。

女が「親が」「友達が」と周囲の人間の判断をテコに男を動かそうとすると、「俺たちの付き合いが、なんでそいつらに関係あるの?」と怒りを買って話が進まんので時間がもったいないです。友達はともかく、結婚するなら親はおおいに関係してくることでしょうが、現時点でプロポーズを躊躇《ちゅうちょ》している男に、そんな話が通じるわけがない。ふたりの関係に、ふたり以外のものさしを持ち込まない方が、話が早い。

人のものさしを持ち込まない方がいいのは結婚に関することだけでなく、普段の彼とのやりとりでも同じ。未婚のプロたちの経験則から言えば、男に意見をするとき、主語は「私」で伝えた方が格段に伝わりやすくなる。**男が悪者になりたくないときは、話の矛先を変えたり、ひどく優しかったりしますが、女が悪者になりたくないときは、人の意見のふりをして自分の考えをぶつけます。**しかし主語が「私」ではないので、男に伝わりづらいのです。

お互いシラフのときに、語気は多少強くてもいいので（でも決して取り乱さず厭味を言わず）「私は〇〇だから、これは受け入れられません」と、冷静にはっきりと伝える。すると、そこで初めてことの重大さが認識されるようなのです。その際、男を傷つける物言いは避ける。あと理由はふたつまで。3つ以上になると、あいつら、全部忘れる。

仮定の話として結婚話をしているときも「結婚式やらないでいいじゃん」と彼に言われたら「それは親に恥ずかしくて言えない」とか「友達はみんなやった」ではなく「私はどうしても、ウェディングドレスが着たい」とか「お互いの友達や親、お世話になった人たちの前で『この人と結婚します』と正式に伝えられない人とは結婚できない」など、腹の底をさらって、口にするのも恥ずかしいような理由を、ちゃんと言うのがいいんですって。結婚のプロ（複数回結婚！）が言ってました。

できない？　できないよねー。でもやるんだよ！　はい、一緒に練習しましょう！

071

あなたの作為と作戦が、すべてバレている。

さりげない方法で男に結婚を意識させようとしても、ゲンナリされるのが関の山。
なぜなら、まったく「さりげなくない」からです。

新婚の友達の家に一緒に遊びに行ったり、友達の子供の写真を見せたり、友人の結婚話をしてみたり、共通の友達に「結婚する気はないの？」と尋ねてもらったり……。若かりし日の未婚のプロが、男に結婚を意識させようとしてとった作戦にさりげなさは皆無。むしろ、言外のメッセージは脅迫めいたプレッシャーとして伝わり、なおかつ男の獲得欲や狩猟本能をそいで結婚への道を閉ざす——というのは、今までも述べたとおりです。

作戦がバレない女もいるにはいます。それが、36（86ページ）の「見えないレール大作戦」のできる女たち。彼女たちの特徴は、最終的に自分の望む方向に物事を持っていければ、その過程で起きる勝負にはいくら負けてもまったく問題ないと考えられることです。反対に、若かりし日の未婚のプロは、日々の口論に始まり、下手したら収入や肩書きまで、すべての勝負に負けたくないと思っていた。結果、目先の小競り合いには勝てるのに、最終的に一番欲しいものを取り逃がしていたのです。

オセロでいえば、終盤までは自分の色にひっくり返した枚数が圧倒的に多いにもかかわらず、最後にバーッとひっくり返されて負けるパターン。一方で、**結婚できる女たちは、途中までは男に勝たせておきながら、しれーっと四隅を押さえておく。**そして、最後の最後でザーッとひっくり返して全部自分の色にしてしまうのであります。

かようにして、この本を手に取っているような女たちは、作戦には向いていない人種です。まずはそれを自覚し、下手な策でプロポーズの確率を下げるのは避けてください。あんな思いは、私たちだけで十分だ！

あ、最近「男にどんどんプレッシャーかけた方がいいよ！」という覆面男性座談会なども女性誌を賑わせておりますが、あれも馬力の強い女がやるとパワハラ級ですので、自分の特性をよく見極めてからの方がよろしいかと存じます。

072

「だから言ったじゃない！」と彼を小バカにしたことがある。

なんであいつら、
「床で寝たら、風邪ひくよ」って言ってるのに、
何度も床で寝て風邪ひくんでしょうね……。

そういうことがあると、「何度も言ってるのに、なんでできないの？」とこちらの頭が痛くなります。でもね、あいつら風邪ひきたいんですよ、飲みすぎて、翌日を台無しにしたいんですよ。そうとしか、思えない。わかってても、やりたいんです。**私たちが、太るとわかってデザート頼むのと一緒**なんじゃないか、私はそう思うんですよ……。

それ以上に「だから言ったじゃない！」を避けた方がいい理由は、私の女友達がベストの回答をくれました。「**だから言ったじゃない！**」**は**「**ホレ見たことか！**」**と同義**なんだそうです。「ホレ見たことか！」は、人の失敗を手ぐすね引いて待っている、不快な印象を与え

ます。「だから言ったじゃない！」も同義なのであれば、避けた方が賢明ですね。「だから言ったじゃない！」と思っても、そうせざるを得なかったときも、あるでしょうしね。法を犯したり命にかかわることでなければ、何度も繰り返す日常レベルの男の過ちは、やっぱり放っておくのが得策です。繰り返す過ちは女にもたくさんあるのですが、これを「だから言ったじゃないか！」と得意顔で言われたら腹が立ちます。ということは、男が泥酔して床で寝ていたら、放っておきましょう。

次に、「だから言ったじゃない！」の後に続けたくなる「なんで、できないの？」も要注意。この「できない」という言葉が男に与える不能感は、女の想像をはるかに超えると、別の女友達は言っていました。このような賢明なアドバイスをくれたふたりの女友達は、既婚です。プロポーズを受ける女は、賢いね！

073

あなたは法律家だ。

「毎日電話しようって決めたじゃん！　なんで決めたこと守ってくれないの？」といった類のことを思ったことはありませんか？

私は何度もありました。もうやめたけど。

なぜ私が「決めたじゃん！」をやめたかというと、**私が怒っていた「守られないルール」は、よく考えたら「私の私による私のための、私が決めて私が相手に押しつけた法律」だった**からです！

30代半ばまで、未婚のプロである私たちはまさに法律家でした。自分に都合のいい法律、自分の不安を取り除く法律、自分の生活を今までと変わりなくスムーズに執り行うことを最優先した法律をバンバン作っては、ふたりの国会を無理やり通し、それを守ってもらえるのが愛だと思っていた。ですから、付き合った男性たちはみな、法律違反で現行犯逮捕されていました。

しかし、逆に私が確固たる俺ルールを持つ法律家と付き合って、初めてわかったことがあります。人の法律は、自分のこだわりに関係ないからすぐ忘れるし、とにかく面倒。一番印象的だったのは、「風呂から上がったら、自分の使ったバスタオルで風呂場の水滴をすべて拭き取る」というもの。そこは男の家でしたし、嫌われたくもないし、今までこのように自分ルールを人に押しつけてきたんだ……と深く反省した私は（そこで過去の挽回ができるわけでもないのに）一生懸命この法律を守ろうとしたのです。

しかしある日、それ以外の法律が守れなかった私に放たれた「なんで、俺が嫌なことをするんだ！」的な発言で私のキャパが決壊し、ギャーッと家を飛び出してそのまま終了。もちろんそれだけが別れの理由ではありませんでしたが、どーーーーーーーーしても守ってほしいルールがあるならば、お互いの譲歩できる着地点を見つけるしかないのでしょう。責めず、焦らず、いきり立たず。

自分ルールでしか生活することを許さない女に、誰がプロポーズしたいと思おうか。いや、誰も思わない。

074

彼がテレビを見ている間、絶えず話しかけている。

人の邪魔をするのはやめよう。

これも「私ルール」の延長線上です。「なんで私と一緒にいるときに、私の方を向いてくれないの？」と不満に思うこともありますが、別にあなたを楽しませるためだけに彼はあなたと一緒にいるわけではない。あなたがいるからこそ、あなたの彼、別名**スポーツニュース何度も同じシーン別のチャンネルで見るの大好きマン**さんは、落ち着いてあなたの太もものひとつでも触りながらテレビを見ることができる……ぐらいの余裕を持ってあげてもいいんじゃないですかと。まぁ、この年になったから、未婚のプロたちもそう思えるんですけどね。

さまざまなところで言われているように、やはり男女は脳の作りが違うようです。これを認めるの、結構嫌なことです。合意に至らないことを、すべて脳の違いで片付けられたら腹が立つでしょう。でも、違いを把握して、うまくやる方がエネルギーを使わない……と、最近は思う未婚のプロたちです。

個人差はありますが、男性は一点集中型のシングルタスク方式。いくつものことを同時進行でするのが苦手な傾向がある代わりに、集中したら強い。だから、男性はテレビを見ているのが話をするのは難しいし、話しかけたら聞くことに集中して、テレビを見るのはおろそかになる。これ結構びっくりじゃないですか？　女同士がテレビを見ながら、テレビの内容とは別の話をするのなんて、日常茶飯事です。

つまり、女性はマルチタスク方式。テレビを見ながら、今日の愚痴を言ったり、なんならどこかで結婚のことを考えたりできる。その違いに気づかず、話しかけていることを適当にあしらわれて苛ついても、ムダなようです。

相手ができないことを責めても、仕方がありません。男からすれば「女は集中力がない」と思っているかもしれない。でも、お互いを自分の基準で測って非難し合っても悲しくなっちゃうだけなのは、私たち未婚のプロが経験済み。男の時間を邪魔する女は、プロポーズされませんでした！

075

どうでもいいことでも、勝つまで口論してしまう。

すべてにおいて「下に見られたくない」気持ちに支配され、最終局面で負けるのが、私たち未婚のプロ。これが、名づけて「勝つるが負け戦」です。

相手をギャフンと言わせながら、「たまには私をギャフンと言わせて、うっとりさせろよ！」と、勝手なことを思ってしまうことがあります。**好きな男となると「わかってほしい」気持ちと「バカにされたくない」気持ちと「あんたバカじゃないの？」が相まって、相手が根負けするまで口論を続けます。**男を頼りにしたいにもかかわらず、考えの甘い、か弱い存在として扱われるのだけは勘弁！　の気持ちが先に立ちすぎると、プロポーズは確実に遠のきました。

男が精神的マウントを取るような口調で「ここは俺が払っとくよ」とでも言おうものなら

「いやいや、ワリカンでいいでしょ、普通」と「ごちそうさま」が言えない。相手に貸しを作りたくない。口の立つ女は随所でこれをやって、男の自尊心をボロボロにします。

さらに、私たち未婚のプロは、普段は威勢がいい割に、いざというときに肝が据わっていません。男が「これだけは、こいつにはかなわない！」と唸るような特性を持ち合わせていないのです。その、女が持っていると男が唸る特性とは、「いざというときに俺より肝が据わっている」の一点です。これがあれば、男は「こいつは自分の人生に必要だ」と思うようです。

一方、場合によっては「したたか」と形容されるような女は、普段のどうでもいい判断を男に任せ、効率の悪いことに付き合わされてもイライラしない。それでいて、男がオロオロするようなシーン、たとえば旅行先でパスポートを失くしたなどの場面では、どーんと構えて動じません。男が自分で解決するのをじっと待ち、どうしてもダメそうだったら、さっと手助ける。**私たち未婚のプロは、どうでもいいことにだけ競り勝って、いざというときにオロオロして、口やかましく大騒ぎするというのに。**

ああ、なんだか肝の据わったいい女に、私たちがプロポーズしたくなってきましたね。

076

なにがあっても、もう彼にはなにも言わないで、悟りを開いたように微笑《ほほえ》んでいるだけ。

過干渉と同じく、諦められて下に見られるのは、性差に関係なく嫌な話。

それまでに、いろいろと揉めたんでしょうね……。思いつくことを全部やってきて、なにも改善されず、プロポーズの話も進まず、望んだものがなにひとつ手に入らないから「もういいや、彼が生きているだけで結構デース！」という、投げやりな気持ちになってしまったのでしょう。実際、私の友達も含めて40近い女は、この境地に陥りやすい。

にっこり微笑んでいながら、腹の中でまるで男を信用しないその態度は、相手を見切っているのと同じ。菩薩《ぼさつ》のように微笑む裏で押し殺している「本当はこうしてほしい」と思う気持ちは一切伝わらず、**自分の心が決壊しないように堤防として築いた「所詮あんたはこんなもんだ」という、伝わってほしくない上から目線の態度だけが確実に伝わります。**彼が「どうせ、俺なんかたいしたことないと思ってるんだろう」と察知したら最後、プロポーズは立ち消えるでしょう。

たとえば、彼が「俺はいつか世界に出ていって、こんな夢を叶えたい」と話しているとしましょう。キラキラした瞳で心から「そうなんだ！　頑張って！」と聞いているならばいいのですが、反対されるでも、意見されるでもなく、興味がなさそうに「そうなんだー」と微笑まれても、男は諦念とバカにする気持ちを受け取るだけ。何度も言うけど、そういうところは敏感に察知するんですよ、あいつらは！

また、私たちが相手を見切ったうえで発する「好きにしたら？」は、男性になにが起きてもフォローし、信じてついていく肝の据わった女の「好きにしたら？」とは、まったくの別物です。

前者は相手をまるで信用していませんが、後者は相手に勝手で過剰な期待を押しつけていないのです。ものわかりのいい顔をして男を見下していると、プロポーズの「プ」の字も出てこなくなりますよ！

077

正直に言えば、ひとりで生きていける自信がある。

「あれ？ 今のところなにも困ってない……。
もしかして、ひとりで生きていけるのでは？」

40を目前に、私たち未婚のプロが開けたパンドラの箱。箱の底には「そう、ひとりでも生きてはいける！」という恐ろしい希望だけが輝いていました。

ですから、20代だった私たちの「**結婚しなきゃ！**」**はやっぱり**「**結婚していないと、女は不完全**」**の思い込みに負けていた**んだと思います。事実、今より自分に自信もなかったですし。「このまま孤独死したら嫌！」というのも、「結婚したい理由」によく挙がりますが、結婚相手が先に死んだら、孤独死の可能性はゼロになりません。自分が働かなくなっても食べていけるように？ では相手が先に働けなくなったら、どうしましょう。

特に、多少お給料が下がったとしても、楽しく仕事をするために転職したり、貯金が貯まったタイミングで、念願の海外留学を果たしたりと「楽しいこと」を優先に生き、それを糧にまた、自分の人生を新しく切り開いていくような最高の女。そんな女たちが、30年先のことを考え、今から備えられるわけがない！　はい、未婚のプロ決定！

そんな私たち未婚のプロも、アリとキリギリスのように、いつかやりたいことだけやり続けた罰を受けるのではないかと怯えています。むしろ早めに罰してほしいとすら思っているのですが、逆に毎日は楽しくなっていくばかり……。

下手すると、**「誰かと一生一緒にいるために、譲歩と相互理解を繰り返す結婚は、自分の人生において障害になる可能性がある」と私たちは思っている！**　傲慢!!!

ちょっと乱暴な話をしますが「大人になったら結婚するべきだ。それが当然だ」という、長い人生を見越したうえでの〝べき論〟がきちんとある男を、バリバリ仕事をし、自分の食い扶持《ぶち》を稼ぎ、やりたい放題に人生を楽しんでいる女はどこかで「つまらん」と思っている。そして、そういう男を「つまらん」と思う自分を責めている。もうそれはムダなあがきなので、早めに「フヒヒ」と笑って自分の性格を引き受ける方が有意義です。

私たち未婚のプロがいつまでも未婚でいるのは、自分自身が心の底から結婚を望んではいないから。結婚より優先させたい人生の楽しみがあること、自分は気づいてなくても、お付き合いしている相手には、しっかりバレてますよ！

078

彼とテレビを見ていて、目に入った女優やモデルは、ひととおり罵倒しないと気が済まない。

そういうことは、女友達か愉快なオカマとやろう。楽しいから。

ノンケの男とこれをやっても、口の悪い女友達や、愉快なオカマから聞けるような、目の覚める切り返しが来ることはほぼありません。というか、結婚相手はそれができなくても、いい存在かもしれない。

あなたの**なんちゃって世相斬り**を横で聞いている男にしてみたら、「なんて、うがちすぎたものの見方をするんだ……」「口うるさい女だな……」「誰のことも、こうやって見るんだな……」としか思われず、プロポーズは夢のまた夢。

テレビを見て女優やモデルを罵倒するように、私たちは日常生活のさまざまなポイントで、同じようになんちゃって世相斬りをやっています。雑誌のキャッチコピー、人気の本、誰かのブログ、社会のシステム、はたまたコンビニが出した新しい弁当にまで。男とユーモアセンスが異なれば、こちらの性格の悪さだけがどんどんフィーチャーされていくでしょう。珠玉の悪口から醸されるユーモアはまったく汲み取られず、**ただの「文句が多い女」に成り下がっている可能性**まである。ゴシップを肴に、延々とムダ話をするのは死ぬほど楽しい。人の悪口を言うのも、すごく楽しい。だからこそ、相手を厳選した方が、もっともっと楽しい。

口の悪い話が理解されない以外、まるで文句のない男がいたとして、この男を手放すのは惜しい……と思うかどうか、自分で決めてください。未婚のプロの中には、「うがったものの見方こそ、私自身を形成するコアである！」とばかりに、それを理解してくれない男は、無に等しいと考えている女もいます。それはそれで、その人の価値観だから、誰にも文句はないでしょう。

頭のいい既婚女は、女友達や愉快なオカマと結婚することはできないのを、かなり早い段階から理解していました。そして、旦那と友達で楽しみ方を棲み分ける。それが難しいのなら、結婚が遠のいたとしても、抜群の悪口センスを持つノンケの男を、藁の中から針を見つける確率で探しましょう！

079

『アルマゲドン』を観て泣いている彼を、バカにした。

たとえ今の姿がヒーローからは程遠くとも、男のヒーロー願望を、男の目の前で笑うのはやめておこう。

1998年に公開された映画『アルマゲドン』。石油掘削隊の男性14人が、命を懸けて、小惑星が地球に衝突するのを防ぐために核爆弾を仕掛けに行く――言わずと知れた大ヒット作です。この、私にとってスティーブ・ブシェミが出ていること以外に観る理由がない映画を、心から楽しめる男だっています。蛇足ですが、あれだけ男優が出ているのに、ブシェミにしか目が行かない私が、親を安心させるような結婚などできるわけがない。

さて、ずいぶん昔の実話です。レンタルビデオ屋で、ふと当時の男が『アルマゲドン』観たいな～」と言った瞬間、私の口を突いて出た言葉は、

「ああ、あのコメディ？」

はい、出ました、なんちゃって世相斬り。ハリウッドを斜めから見るだけの、安直なポジション取り。もちろん、大変嫌な顔をされました。

『アルマゲドン』のように、男が自己犠牲の精神で人類と地球を守る物語は、男性のナルシシズムやロマンチシズム、なによりヒーロー願望を満たします。つまり私は『アルマゲドン』をバカにすることで、彼のイズムそのものを否定してしまった。なんて不粋な女！

この話で一番マズいのは、私が彼に満たされていたのは、このアルマゲドン的メンタリティの派生商品（女に車道側を歩かせない、重い荷物は率先して持つなど）による乙女心だったにもかかわらず、それを鼻で笑うようなことをしたことです。

ヒーロー願望をバカにするなら、男にヒーローたることを求めるのは筋違いでした。おんなじような話ばかりで恐縮ですが、都合のいい場面でだけ「好きなら、どうして私のことを守ってくれないの？」と言うようなことをやめないと、いつまで経っても、誰に愛されても、不満と不安が残ります。

さぁ、そんな愚行は私たち未婚のプロがやっておくから、君たちは先をゆけ！（ここでエアロスミス流れる）

080

ネットの噂話を、いちいち彼に報告する。

ネットに限らず、噂話をいちいち男と共有したがるのが、未婚のプロの不粋さです。

とかく、女の噂話が苦手な男は多い。そして、相手が苦手なことはしない方がいい。男は男で職場の噂話はするくせに、そこで我先にと最新情報を提供する女にはひるむんですなぁ。それ以外にも、たとえば共通の友達カップルのゴシップとか、ツイッターで誰と誰が喧嘩したとか、写真週刊誌で誰が脱いだとか、そんな話は相手の顔色を見て、乗ってこないようなら慎んだ方が身のためです。私たち未婚のプロは「え、そんなことも知らないの？」と得意顔でそれを披露するから始末が悪い。だって、おもしろいから、ねぇ……。

ゲスい話をおもしろがる男なら、その手の噂話を持ちかけたって構わないんですよ。ただ、ゲスい男は結婚の対象にはならないわ、とばかりに選んだ「普通の男」の前で、ゲスく世相を斬るのは筋が通ってない。うん、これ何度もやってるね、私たち。

メディアのヤラセを邪推したり、芸能の裏を暴いたりするような楽しい話は、気心の知れた女同士で楽しむに限ります。付き合っている男から、思わず唸ってしまうような世相斬りを聞きたいなら、ゲスい男を選ぶしかない。

なんでこんなことを改めて書くかといえば、**私たち未婚のプロは、真面目なサラリーマンで性格も温厚、ネット狂でもない、俗に言う「結婚相手として望ましい普通の男」とさえ結婚すれば、自分のゲスさをリセットして、死にたいくらい憧れた「普通の女」デビューができると思っていたのです。**冷静に考えたら、そんなことできるわけがない。

噂話はあくまで一例で、他にも「音楽の趣味」「マンガの知識」「趣味のスポーツ」など、自分の大好きなこだわりのポイントが、実は自分自身を不幸せにしているのではないか……と女が勝手に思い込んでいると、絵に描いたような普通の男を選んでおいて「あいつなんにも知らないんだよ」とあとからネガティブなことを言い出します。普通の女になれないコンプレックスを、相手の男のスペックに解消してもらおうとしても、プロポーズまでは辿り着かないのは未婚のプロが実証済みです。

081

どこからどう見ても、私にかわいげがない。

人としての愛嬌や愛想のよさを、「媚び」と間違えていたので、私たち未婚のプロは、長い時間をムダにしました。

愛嬌やかわいげを「女の媚び」として断罪し続けたのは、それが弱者のアピールだと思っていたからです。でも、自分の中に確かに存在するかわいげを全否定しても、特にいいことはありませんでした。

かわいげのある女を「あんなの作為よ」とけなしていた昔の私たちも、女友達の前では平気でヌケサクな隙を見せていました。女友達はこちらのヌケサクポイントを見ても、人を下に見たりしないからです。

一方、異性には、好きな相手にさえ（だからこそ？）肩肘を張る。下に見られてたまるかと、隙などビタイチ見せませんでした。それでいて、「甘えられない」と愚痴るのは、振り返ると筋違いでしたね。**この本を手に取ったぐらいの猛者ならば、男に隙ぐらい見せても、人間関係でアドバンテージは取られません。**「○○ちゃんって、意外と子供っぽい味、好きだよね」と男に言われただけで「はあ?」と苛立つことも多かったのですが、女友達に言われたら「ちーがーうー! あ、でもそうかも……」と返せる程度のことに、相手が男だからと目くじら立ててもあんまり意味がない。

あと、失敗したことを「かわいい」と言われてキレたりもしてました。確かに、できない女を男がかわいらしいと思うのは、根本的には、**女の無力に男が安心感を持つ**からだと思います。でも、女の無力に男が安心感を持つのは、自分が役に立てる女に、男が自分の存在意義を見出すんだからもう仕方がない。男を変えるより、自分の考え方を変えた方が早い。それが嫌なら、かわいがられたい欲自体を持たない方がいいです。それ以上に「ここのポイントをこうかわいがってくれ」と指示を出すのは傲慢で、かわいらしさは人に見つけてもらうものなんですよ。見出されたかわいらしさに対して、非常にこまっしゃくれた態度を取る女は、いくつになってもプロポーズされません。素直になるのは、早い方がいい。だって、私たち未婚のプロは、異性に隙を解禁する扉がガチガチで、スムーズに開くようになるまで数年を要しましたから。

082

「こないだ○○って言ってたのになんで？」など、彼の言質を取りたがる。

男が何気なく口にした言葉を引き合いに出し、「こないだ○○って言ったじゃない」と鬼の首を取ったような顔をする。しかし、それでこちらの思うように話が進んだ試しがない。

男の何気ない言葉は、未来を請け負う約束ではありませんでした。それを記憶して、言質を取った気になり、後日得意げにそれを証拠品として突き出す。それをやっても、結局は話がうやむやになったり、ただただ嫌がられたり、こちらの期待が裏切られて相手に不信感を抱く結果になったことしかありません。ましてやプロポーズにつながったこともないのは、未婚のプロたちが生き証人。

小さいことでいえば「温泉いいよねー」という話で彼と盛り上がったとしましょう。本当に温泉に行こうという話が出るまで、それは寝言だと思っていればよかったのに、宿を調べ、源泉を調べ、結局「ごめん休み取れないわ」と言われて発狂するパターン。時間と労力のムダすぎだ……。

もっとマズいのは、男が深い考えもなく発言したことをひとつずつ自分に当てはめ、自らをカスタマイズしてしまうこと。「ジーンズより、スカートがいいよな」と、**男が何気なく言った言葉を勝手に自分に取り入れても、それを担保に深い愛情を引き出せることはありませんでした。**彼の好みを体現することでプロポーズを早めたいという、かなり切羽詰まった行動だったと思います。しかしながら、仕事と違って、男女関係では頼まれてもいないことをやっても打点につながらないことが多かったと、未婚のプロたちは顧みます。相手が自分の好みに合わせてくれるのはありがたいことですが、自分が相手の好みに合わせたからといって、当然の顔で見返りを求めるのはやめておけばよかったなと。

「思いどおりにならない」とひとりであがくぐらいなら、正面切って普通に尋ねた方が、よっぽど生産的です。男の人は深刻な話し合いは苦手ですが、普段の流れで質問したことには、普通に答えます。不思議だなぁ。

083

合コンに行った彼を、言葉や暴力で責め続けた。

投げるなら、枕にしましょう。
何度でも投げられます。

普段のトーンで「嫌だからやめて」と伝えればいいだけなのに、ブチ切れて物を壊したり、言葉の暴力を浴びせても、相手が反省することは、ほとんどなかった……と、合コン好きの彼を持っていた未婚のプロは言っていました。

会社のお付き合いや先輩からの頼みで、どうしても出席しなければいけない場合もあるでしょう。**相手の状況も考えず、自分の意図に沿わないと大げさに被害者ヅラをする……。そんな女と結婚したい男は、いませんよね。**

彼が、彼女がいても平気で合コンに行く男ならば、そもそも結婚は遠いでしょうし、きっと結婚しても合コンに行き続けると思います。そんな相手と結婚したいか？

084 合コンに行った彼を責めず、無言の圧力をかけて追い詰めた。

一緒にいながらの無視は、一番の暴力。

気に入らないことをしたからと、ブスッとしたまま重い空気を漂わせても、男に罪悪感と嫌悪感を抱かせるだけです。暴力や無言の圧力が招くのは、特殊工作を駆使した隠れ合コン。そもそも、合コンに行くのをあなたが「許す」という発想自体が筋違いなのかもしれません。**自分の行動には、いちいち彼女の許可が必要だと感じるようになったら、プロポーズはされないでしょう。**合コンに行かれるのが嫌ならはっきりと「不安になるし、不愉快だ」と伝えればよい。思いやりのある男なら、やめると思います。それでもダメなら、付き合いを続行するか否かを自分で決め、決めた方に自分の気持ちをシフトしていけばよいのです。男は星の数ほどいることは、手痛い失恋からいつの間にか立ち直って、次の恋愛を楽しんでいる私たち未婚のプロが保証します！

085

彼はあなたが思っているほど「うっかり」していない。

さまざまな恋愛テクニック本が世に出ておりますが、残念ながらどの男にも効く万能薬は、今のところ見つかっていません。

結婚したいと焦るあまり、プロポーズを引き出すために、入念なプランを立てる。私の知人（友達ではない）にも、おりました。彼女たちは狂ったように合コンをし、できるだけ多くの男から効率よく興味を持たれるように、最大公約数の理想の女を演じます。そのうえで策略を練って、さまざまなところに罠を仕掛け、男がそのひとつひとつに引っかかっていけば、必然的に彼らのうちの誰かは婚姻届に判を押す。彼女たちはそう思い込んでいました。というか、そういうふうに世間では言われていた。肉じゃがの隣に婚姻届を置いておけ、とかね。しかし、男はそこまでうっかりしていませんでした！　残念！

自分の描いた地図どおりに彼らを歩かせようと努力しても、女がよほどの手腕の持ち主か、

男が空前絶後のうっかりさんでもない限り、そうは問屋が卸しません。未婚のプロと取引のあった問屋はどこも、なにも卸してくれなかった！　結局プロポーズには辿り着けず、数々の努力は徒労に終わる。あ、ひとりだけ成功したのがいましたね。大丈夫な日だって嘘をついて「できちゃった！」ってやったのが……。そこまでして結婚したいのか！　と背筋が凍ったものです。

　ここまであからさまなやり方ではなくとも、相手をみくびって失敗した未婚のプロは、たくさんいました。そんなひどいことはしたことがない、と思うかもしれませんが、無自覚に相手を都合よくコントロールしようとすることは、男女関係だけでなくさまざまな関係性の中にあると思います。改めて自分のやってきたことを振り返ると、傲慢で思いやりに欠ける行動ばかりだった。私たち未婚のプロは、今宵も反省の宴を催すのでありました。

086

あなたは「この辺で手を打とう」と思っているが、彼はそう思っていない。

「結婚してやるかー」ぐらいのことを言っていた女から「結婚しました」という報告を受けたことがありません。

こんな傲慢な女、そうそういないと思うでしょう？　しかし、今付き合っている相手がいて、その相手がいい年こいてプロポーズもしてこない！　私だっていい年なのに！　と苛立っているならば、多少なりとも自分は「この辺で手を打とう」と考えているんじゃないかと思いますけど、どうでしょうかね。

「子供も欲しいし、そろそろ結婚しないと周囲の目も気になることだし、悪い人じゃないし、まぁ、好きだし、この辺で……」という思いはありませんかね。でも**女が「この辺で」と考えるくらいに相手に決定的ななにかがないとしたら、相手も惰性で付き合っている可能性が高い。**手打ちの儀式はいつまでも執り行われないのであります。相手の男が、前ページで書いたように「うっかり」していなかったら、プロポーズはされません。

自分が優位に立っているつもりなのに、思いどおりに事が運ばないときは、お互いが相手を上から見ている場合があります。セフレが彼氏にならないのと同じシステムですね。残念ながら、男は「こいつしかいない」「他の男に取られたくない」と思わないと、プロポーズにかかわらず、なにごとも独占契約を結ぼうとしません。つまり、あなたが手を打ちたくても、彼が手を打つ理由がない。うっかりしてたのは、こっちの方でした！

これは未婚のプロの経験談というよりも、30前後の女から聞くことが多い話です。ということは、私たちもその当時はそう思っていたんだろうな、無自覚に。

087

彼のセンスをけなしたことは、一度や二度ではない。

「けなされるのが怖くて、なにもプレゼントできない……」と、付き合っている男からなにももらえなくなった未婚のプロがいます。大損です。

一生一緒にいるであろう女から、一生続くセンスのダメ出し。これは地獄です。女だってそうでしょう。オシャレな男にデートのたびに服のダメ出しをされたら、家にひきこもり、ファッションバカを好きになった自分を呪うことになります。センスの悪い恋人が嫌なら別れればいいのに、変えてあげようなどと傲慢に思うのは、自称オシャピーの悪い癖です。

物を見る目に、男女差もあるでしょう。機能性、耐久性、素材と職人の物語などを重視する男相手に今年のトレンドを語っても、日本語として通じているかすら、あやしい。嘘でしょーと思うなら、男性のグッズ雑誌（ファッション誌ではない！）を見てみてください。そこから「自称センスのいい女」がプレゼントしたくなるようなものは、なかなか見つかりません。物はいいけど、地味で高いんだよ……。

私も、いつも日能研（指定カバンのある塾）帰りの子供のようなダサカバンを持っていた彼に、洒落たカバンをプレゼントしようとしたら、「内側に細かいポケットが多いのがいいな」と言われ、全力でやる気を失ったことがあります。そんな秘密基地みたいなカバン、買うか！

ファッションのみならず、こうやって自分と合わないセンスを全部排除しようとすると、男を見る目はミス・ユニバースの最終選考より厳しくなります。そこを通過できる男は少ないですし、通過した男が貴様を選ぶわけがないだろう！　と、私は鏡を見ながら思うのです。

そうはいっても、「もっと素敵になるのになぁ～」という女のおせっかい心を手懐《てなず》けるのは、オシャピーでなくとも、大変難しい。しかしここでもまた、**女友達にやらないことは、付き合っている相手にもやらない方がいいのです。**私たちは、センスの合わない女友達の服を、あからさまにけなすことはしません。なぜなら、その女友達の価値は、服のセンスでは決まらないから。男もそのはず……と、私たち未婚のプロは、念仏のように唱えながら、男の変なカバンをじっと見るのであります。

088

指輪のブランドから式場まで、理想のウェディングプランを彼に話した。

監督：私、脚本：私、主演：私、演出：私、構想：私……の舞台に上がってくる助演男優はおりませんでした。

そして、これは結婚式だけの話ではありませんでした。恋愛の枠さえ超え、人間関係全般に言えることだった。「なんでいろいろ思いどおりにならないんだろ……私ばっかり……」と**被害者意識が強くなったときは、すべからく自分本位な考え方をしていることが多かった。**私以外の人間は、私の映画の出演者ではない。ですから、私が主演の人生映画が、思いどおりに進まなくて当たり前なのであります。

結婚式に関して言えば「女の子の夢は全部叶えてあげたい」と、飛んで火にいる夏の虫のようなことを言う男も実際におりますが、男たちの想定する漠然とした結婚式と、テーブルに置くナプキンの色まで決められた、女の考える結婚式にはえらい差があります。「結婚するなら、彼女の希望どおりハワイでウェディング」だとニンマリしていた男が、よかれと思って話した先輩のワイキキ・ウェディング。その途端、女は「あー、ワイキキじゃなくてさ。そもそもオアフじゃなくて。ハワイ島かカウアイ島で。海っていうより、むしろ山の方で。ランチ（牧場）でのガーデンウェディングってのがあってね……」と微に入り細をうがった話を畳みかける。そうすると、男は「あ〜も〜わから〜ん、知ら〜ん」となって、プロポーズは立ち消えてしまいます。

まだ私もよくわからんのですが、男の思う「女の希望を叶えてあげている」と「女の言いなりになっている」の境界線を見極めるのはすごく難しいですね。やっぱりディテールが詰まってるとダメみたいです。そんなことまで気にして、願いが叶えられても大げさに感謝しなきゃいけないのって面倒じゃないですか？　だったら**自分の願望は、自分で叶えた方がいい。**未婚のプロはそうやって頑張ってきました。

ウェディングはひとりでできないから、未婚のままなんですけれどもね。ハハハ……。

089

彼の親に嫌われているらしい。

他を当たろう。

＊注　彼の親兄弟に好かれるための努力をして、
精神が崩壊する人もいます。
彼の親は、彼の価値観を育てた張本人。
彼が親兄弟との適切な距離をとれないタイプなら、
プロポーズされていないのは逆にラッキー！
次、行きましょー。

090

彼の友達にまだひとりも紹介されていない。

男が自分の友達に彼女を一切紹介しないときは、結婚する心づもりがないというわかりやすいサイン。未婚のプロの知恵袋のひとつです。

彼の男友達にひとりも紹介されないまま結婚した人を思い出そうとしましたが、今のところ誰も思いつきません。結婚する人がよく「タイミング」とか「自然な流れで」とか、意味のわからないことを言いますが、どうやら「タイミング」と「自然の流れ」というのはそれなりにあるらしい。ラーメン屋の秘伝のタレ並に、門外不出の情報なんですかね……。

付き合って一年も経つのに、彼の友達にひとりも紹介されてないな、おかしいな、と思うなら、それは若干、やはり不自然。そういうときの女の勘は、残念ながら当たっている。

未婚のプロたちの経験を振り返ると、**男が彼女を自分の友達に引き合わせることは、無意**

識だとしても「自分たちの関係をパブリックなものにする」ことに腹が決まった証。

彼の男友達にひとりも会ったことがないうちは、まだ「彼女」としてすら腹を括られていないかもしれません。ならば、プロポーズはまだ期待しない方がいいと思います。あ、でもそれと愛情の量とは関係がないこともあるので、詰め寄って無理矢理会いたがるのはやめよう！「友達に会ってみたい」と普通に伝えて、あとは男の判断を待ちましょう。

もし彼に友達がひとりもいない場合は、友達ゼロの男と結婚したいか、自分で判断すればいい。

なお、彼の男友達に初めて会う際の注意点に関しては、60（134ページ）をご参考に。下手すると、二度と会わせてもらえなくなりますので、私たちが踏んだ轍を踏まないように気をつけてくださいませ！

091

彼があなたの友達に会ってくれない。

こちらの場合はちょっと注意が必要です。
不倫でも平気で女の友達に会うあつかましい輩もおりますので。

女はなんでもかんでも、男を自分の友達に会わせたがりすぎる。男にとっては、公開処刑みたいなものらしいですよ。かといって、彼女の友達にすぐ会いたがるから即結婚、という意味でもありません。ただ、一年以上付き合っているのに、**彼女の友達に頑なに会いたがらない男は、結婚するという覚悟が固まっていない**のだと思います。

もしかしたら、男にとってはその女との関係がそもそも「公式」ではないのかもしれませんし、女の友人がお金持ちばかりだったり、学歴が高い人ばかりだったりして、男は「自分なんか所詮……」と怖気《おじけ》づいているのかもしれません。

男女の関係は、お互いの友達をお互いに引き合わせていくうちに、どんどんパブリックになっていきます。**パブリックにしないままでいるならば、結婚までの道のりは遠い。**

関係性を公式なものにする最たる例が、結婚式です。よく「結婚式は女性の願いを叶える場所」という意味で、「女のためにするもの」と言われますが、私の既婚女友達は「結婚式は男のためにするもの」と言い切りました。

いわく、自分の仕事仲間や友達、親など大切な人たちの前で「この人をめとります」と宣言するかしないかで、その後の男の意識がまったく違ってくるのだそうです。だから結婚式は絶対にした方がいい、とのこと。男は社会的な生き物なので、公共の場で発表したことは守ろうとするんですって。まぁ、女もそうか。人前で誓った約束は、男女ともに守ろうとしますね。結婚式に興味のない私たち未婚のプロにとっては、大変気の重い話です。

結婚する気がなく、お互いの友達に会わないことを特になんとも思わないなら、気にしなくていい項目です。ちなみに、結婚をいったん脇に置いた私たち未婚のプロは、もう自分の友達に男を引き合わせようと、四苦八苦しません。友達の承認がなくとも、自分の選択に腹を括ることを覚えたので。

092

飼っている犬や猫、うさぎなどと熱烈なキスをしているところを見られてしまった。

チョイキモ。

*注　愛するペットがいるのは素晴らしいことですが、
動物を飼ったことのない男はそのテンションを共有できません。
というか、その完結した世界に恐れおののいている。
「ペットと自分」の間に濃密な空気が流れる場所に、
男を連れ込むのはオススメしません。

093

ダメな男ばかり好きになる。

もう、これは諦めよう。
いいじゃないか、ダメ男。

仕事が続かない、酒癖が悪い、おもしろいけど安定感はない……。俗に言うダメ男にも、いろいろなタイプがあります。未婚のプロの経験則から言えば、自分からダメな男ばかり好きになっている以上、ダメ男が好きな自分に原因があるわけで（ダメじゃない男を選べばいいのに、選ばないから）、プロポーズされないのを男のせいにするのは無意味。あと、付き合う男を全部ダメ男にする、凄腕の女もいる。

ダメな男ばかり好きになってしまう女は、彼らと安定感のある結婚など、できないことぐらい本当は気づいています。クラシックなたとえですが、40になってもミュージシャンを諦められないバイト男。「いつか彼は夢を諦め、普通の仕事に就いてくれる」と、女は夢見ているかもしれません。しかし、シラフに戻ったとき、ハッと気づくのです。

「ないない、なんで私、そんなこと思っていたんだろう？」

普段は気づかないふりをしていることは、往々にしてある。なので、たまにはゆっくり風呂に浸かりながら、自分を突き離して事態を見つめ直すべし。だいたい、ミュージシャンになりたい夢を諦めないのは、その男の勝手です。**ダメ男と判断している理由が、自分にとって都合の悪い男だからというだけならば、それは女の傲慢**だ。

だがしかし、「結婚するなら社会的にきちんとした人がいい」と、好きになるタイプを変えようとしても、これは相当な精神の苦痛をともなうわけですよ。ダメ男好きの未婚のプロたちは、それで辛酸をなめてきました。

自分が魅了された相手は立て膝をついてプロポーズするタイプではないし、彼らをどうしても好きになってしまう自分の価値観、自分の弱さ。それでも、自分にとってかけがえのないイイ男だと思うなら、付き合いを思う存分楽しめば、それで万々歳じゃないですか。恐ろしいことに、いわゆるダメ男と付き合っていても、女が自分の人生の主導権を握って幸せそうにしていれば、周りは反対しないんですよねー。不思議。まず、自立しろ！

あ、ＤＶと精神的支配を試みるダメ男だけはやめましょう！　逃げろ！

094

内心、彼にはなにも任せられないと思っている。

任せると一度決めたら、結果が出るまで横目でチェックはしないこと。出てきた結果に、いちいち文句を言わないこと。

誤解を生むので男には正面切って言えませんが、なにごとも期待が小さければ、裏切られることも少ない。これは確かです。そして好きな男に対する期待は、こちらの自己都合でパンパンに膨らんでいることが多い。ですから、意識的に期待値を下げることそれ自体は、男を下に見る悪行だとは思いません（間違った期待値の下げ方については76〈164ページ〉を参照）。

未婚のプロたちが彼になにも任せられないのは、自分の思いどおりの結果が出てこないからです。**未婚のプロ特有の、先手を読んでベストを導ける能力も手伝って、私たちは「準備が悪いことが原因で、思いどおりの結果にならないこと」を嫌います。**だから、準備の悪い人やスキルのない人には「なにも任せられない」と思ってしまう。そうやって、結局全部自分でやることになるのです。

しかし、人に頼りにされることで自己肯定ができる男に「なにも任せられない（＝任せていたら思いどおりにはならない）」と思ってることがバレたら……って、これも繰り返しになるのですが、これも日々の態度でバレるんですよ。だからプロポーズの声は聞けません。

私は既婚女性たちの、欲の手離れのよさを心から尊敬します。話が通じない異性（夫）と生活を共にしたり、放置したら死ぬ生き物（赤子）を育てたり、縁もゆかりもなかったじいさんばあさん（夫の親戚）の話を聞いたりと、既婚女性は何手先を読もうが、一時間単位で裏切られる相手と向き合う毎日。未婚のプロ以上に負荷の高い生活をしているので、彼女たちは思いどおりにならなくてもたいして腹を立てません。だから、「いいよ、任せるよ」と他人に物事の行く末を委ねられるのでしょう。

というわけで、それができない私たち未婚のプロの独身生活は、まだまだ続きそうです。

095

ちょっといい感じになった人とご飯に行って、ご馳走されるとキョドる。

キョドってました。
だいぶ治りましたが、まだ未婚で、すみません。

奢られベタな若い女が、会計の前でわちゃわちゃしていると、「ここは『ごちそうさまでした！』でいいんだよ」と肩を抱いてやりたくなります。お金を稼ぐことの大変さを知っているが故、人の金にむやみに甘えるのはみっともないという気持ちはよくわかる。が、自分には女として奢ってもらえる価値がないとか、こっちだって稼いでんだから、是が非でもワリカンという考えなら、そこは考えを改めた方がいい。ご飯をご馳走してもらうことは、なにも売春ではありません。**過剰に控えめな女は、裏を返**

せば人の好意をありがたく受け取れない人。コミュニケーション下手とも言えるでしょう。

かく言う私も、長いこと人の好意をありがたく受け取れない人間でした。しかし、相手の「ご馳走したい気持ち」を潰している場合もあると気づいてから、考えを変えました。とはいえ、ベストタイミングで「ごちそうさま」が言える女は、10代からモテまくっていたか、かなり図々しいかのどちらかだと信じていたので、スムーズにお礼が言えるようになるにはハードコアな練習（自販機のジュースからレストランまで、男が払うと言うときは、相手が誰でも一切断らないごちそうさま100本ノック）が必要でした。最初はぎこちなかったのですが、何度かやるうちに、少しずつ自然な間合いで「ごちそうさま」や、「ありがとう」が言えるようになってきた。あと、奢る気がないのにとりあえず言っている男も、奢られたら後から面倒になる男も、わかるようになってきた。

男には好きな女の役に立ちたい欲がありますから、奢られて当然の顔をする女は、嫌われる。「ごちそうさまでした」「ありがとう」と言われて初めて自分が役に立ったと思える。つまり、金を出しただけでは役に立ったと実感しないわけですね。知らんがな！　と言いたいところですが、自分に置き換えて考えれば、そりゃそうだという話だとも思います。払う素振りだけでも見せろという男もおりますが、そんなオスカー級の演技どこで教えてんの？　男に払ってもらうことが続いたら、ちょっとしたプレゼントでも渡せばいいと思います。

096

車、ゲーム、スポーツなど彼の趣味領域に詳しすぎる。

詳しいことが問題なのではありません。
そこに自分の知識でドヤ顔拮抗していくのが、未婚のプロの問題点です。

またしても、男のプライド問題話。男には女が自分と同等以上の知識を持っていると、凹んだり、イライラしたり、嫌悪感を覚えたりする人もいる。ちっちゃいですなぁ。ある未婚のプロは、初デートで相手がアップル社の話を熱弁するので、彼女もMACユーザーだからとパフォーマ（90年代半ばのアップル社のコンピュータ）あたりからの話をしたら「それ、ジョブズがいなかった頃の話じゃない？」と一気に機嫌を損ねられたそうです。よくよく話を聞いてみると、最近ジョブズの伝記を読んで、瞬間的に感化されまくってた男だったと。

こんな男は無視するとしても、**好きになった相手が自分と同じ趣味だった場合、その趣味を一緒に楽しみたいと思うのは普通……ではないんですよ！** 趣味の範囲には恋愛相手を入れたくないという男も女もおります。見方が違うとか、応援しているチームが異なるとか、理由はいろいろあるようです。

一番の問題はドヤ顔で拮抗していくこと。ドライブ中に音楽を聴きながら「やっぱりエミネムは最高だな！」と言ったヒップホップ好きの彼に、「確かにエミネムは独自のフロウが魅力的だよね。でも、スリムシェイディ時代からここまでの間に、彼のフロウにも変化があったと思わない？『8マイル』で記憶止まってない？　たとえばマック・ミラーが出てきたあとのツアーでは……」と応酬したら、そりゃもう、彼女の前で音楽の話はするまいと、男は心に固く誓うことでしょう。

確かに、女のうんちくを「そうなんだー」とニコニコ聞いてくれたり、間違っていたときだけ優しく知識を分けてくれる男もいますが、そんな人はごくまれ。介護ヘルパーさんじゃないんだから。**共通の趣味を持っていて、自分が唸るぐらいの知識と洞察力を持った男にしか濡れない、みたいなバカを言う女も大問題**ですよ。そんなことで人を測るなよ。

とはいえ、日常会話の中で、女が詳しいことにいちいち不機嫌になるような男だったら、次行きましょう、次！

097

食やワインにうるさい、という自負がある。

物を知らないバカのふりをしろという話ではありません。「そんなことでひるむ男ならいいや」と言う前に、自分がどう見えるかを知っておいた方が、動きやすいという話です。

社会に出ると、女はスタートダッシュで、こだわりのレストランやバーに詳しくなります。女の方が、食や社交に積極的なんですかね？

スタートダッシュのままのスピードで走り続ける未婚のプロは、今では家飲みワインをお気に入りのワイナリーからダースで空輸したりと、ホント半端ない。

食やワインにうるさいだけならまだしも、「そこに自負がある」のが、またたちが悪い。三十路に入ると、なにを言われても「あ、それ知ってます」という顔をしがちになるので、ちょっと面倒くさいんですよ。たとえば「カキ食べに行こうよ」と提案して「オイスターかぁ……ちょっと季節じゃないんじゃない?」なんて返されたら、女だって「はいはい、失礼しました」という気持ちになりますね。

さらに、どうやら「ワイン」は男にとってかなりの地雷なようです。レストランで胸にブドウのブローチをしている人が、笑顔でオススメしてきた銘柄を理解してるだけで、ビビる男はいっぱいいます。ワインは男の領域だと思っている輩も多いし、詳しくなるにはやはりお金もかかる。自分より経験値の高い女には足がすくむ男にとっては、大変厄介な女に見えるのです。**「知識豊富で素晴らしいな」「楽しませ甲斐のある女だな」と思うのは、相当に心が広く、なおかつお金を持っている男だけ。**それ、ほとんどいないから。

付き合っている相手にプロポーズしてほしいならば、持てる知識を披露したり、提案に対して余計な口出しをしない方が、確率は上がるようですよ。そんなことまでして結婚したくないならば、とりあえず今は、私たち未婚のプロと一緒に、独身を楽しみましょう!

098

相続ではない不動産を持っている（つまり買った）。

書き出しから気が滅入るような話ですが、
不動産を自力で所有している女は、
ワインに詳しい女同様、男にひるまれるようです。

30代前半になると、自力でひとり暮らし用の部屋を買う女がチラホラ出てきます。その時点でプロポーズしてこない男同様、女の方にも結婚の意欲が低いのは間違いないのですが、プロポーズされる可能性も、低く見積もっておいた方がいいでしょう。
マンションを買う選択自体は、むしろ大正解だと私は思います。ある未婚のプロは、30代前半にマンションを購入しました。一番賢い買い物をしたのは彼女だと、私はいまだに思います。今、同じ広さの物件を賃貸で借りることはできないし、最終的に自分のものとして残る安心感も計り知れない。私と周囲の中年未婚女たちは、結婚以上にしておけばよかった選択だと思っています。

しかしながら、**不動産を持っている女が、男から好評価されるとは限らない。**前述の彼女の話でよく覚えているのが、当時の彼が初めて家に来ることになったときのエピソードです。彼女の家に入った彼は「すごい広いね～」と驚き、まず、彼女が親から援助を受けて、部屋を借りていると思った。彼女がマンションを買ったなどとは1ミリも思っていませんから、ふたりの会話は食い違います。そして、だんだんと親から援助を受けているのでも、賃貸でもないと彼の誤解が解けていくうち、彼女はサラッと言ってしまいました。

「いや、だから買ったんだよ」

彼はひるみ、凹み、それを機にふたりはぎこちなくなり、破局を迎えました。ホント、バカみたい（男が）!!!

独身女がウン千万の買い物をしている事実は男をひるませますが、これに関していえば、そのコンプレックスを女にぶつけてくるような男は、ウン千万の買い物ができるほど肝の据わった女には必要ないのではないでしょうか。現在この未婚のプロには、彼女のマンション所有など、まったく気にしない素敵な彼がいますしね。自分がどう見えるかを知った女は、効率よく相手を見つけられるのであります。

099

家事全般が苦手なことを、まったく悪いと思っていない。

プロポーズされたかろうが、されたくなかろうが、できないことを開き直るのは子供っぽい。開き直ることと、自分の弱点を受け容れることは、別なのですから。

家事全般が苦手だから、結婚できないということはありません。事実、家事が苦手な嫁はいる。ひとり暮らしならなおさら、料理が下手だろうが、ゴミ部屋に住んでいようが、洗濯物が山のようにたまっていようが構いません。ただ、それを「人に迷惑かけてないし」と開き直るのもどうかと思います。だって、**自分の生活力が低いだけの話に自負を持つなんて、ちょっとどうかしてる**。

「すごい男女不平等！　女だからって、家事なんかできなくたって構わないでしょ？　勝手に強要された役割でしょ？」

こう憤《いきどお》っているならば、力強く振り上げたこぶしをおろしてください。

確かに、「女は家事ができて当たり前」「家事ができる方が女の価値は高い」という、顔をしかめたくなるような社会通念はいまだに存在します。しかし、女は家で家事をするもの、男は外へ働きに行くものという固定概念へのアンチテーゼとして「私は家事全般ができないことを、まったく悪いと思っていません！」と言うのならば、**男に対しても同じように固定観念を押しつけないこと**です。そうでなければ、イーブンではない。働かないことをまったく悪びれず、「ディス・イズ・俺！」なんて言う男に腹を立てないでいることができますかね。私は無理ですなぁ。稼ぐことも家事も、得意な方が主導でやればいいと思うけど、苦手なことは一切やらない態度は、私は受け容れ難い。

仮に女同士でシェアハウスに住むことを想定しても、家事全般ができないことを、まったく悪びれない人を迎え入れるのは嫌ですよね。シェアハウスレベルで嫌なんだから、結婚して一生一緒に住みたいと思う男が、現れるとは思えません。

100

そろそろ「初めて経験すること」が、仏門に入ることぐらいになってきた。

「こんなの初めて！」と私たち未婚のプロだって言いたいんですよ。
でもね、結婚以外の「初めて！」が、もうあまり残されていないのが実情です。

男には、女を驚かせたい、喜ばせたい、役に立ちたいと思う習性があるとずっと話してきました。そして女になにか初めての経験をさせたとき、自分が役に立ったと男は認識します。精神的に優位に立ったという誤解を副産物に。

なぜ「初めて」をさせたがるのかを男に聞いたところ、それが「初めて」のことならば、**その分野において競合する男がいない、他と比べられないということも喜ばしい理由のひとつらしい。**繊細！　**くさびを打って女に対してマウントを取っているだけではなく、他の見**

えないあまたの男に対しての優位性を感じているのだそうです。カワイイ！　これは私たち未婚のプロが、男との戦場から持ち帰ってきた大事な情報です。

そんな戦場から帰ってきた未婚のプロは、どうせもう退役軍人だと思うでしょう？　しかし、おかげさまで私たちはまだ現役軍人。軍人生活40年、それでもまだ！　男に！「これは俺とが初めて？」と期待されているのを！　傷跡生々しい背中で感じるのであります！

ハワイ以外の海外旅行、上海蟹がおいしい店、スパークリングワインとシャンパンの違い、仕立てのいい靴の扱い方、未婚のプロはいろんなことを知っています。結婚以外になにが初めての経験として残っているだろう？　その問いに対する私たち未婚のプロの結論は、「尼になること」でした。なんともはや、独身生活を楽しく過ごしているうちに、残された初めての経験は、決して結婚できない道だけになっていました……。

「もう、なにもかもがめんどくせぇ……」

あなたがそう思うならば、結婚のことは後回しにして、未婚のプロと一緒に現世をやりきりましょう！　ワーイ！

101

病めるときも健やかなるときも、バカ笑いができる女友達に囲まれている。

未婚のプロが未婚であり続ける最大の理由はこれ。いいときも悪いときも、そばにいてくれるのは、女友達でした。

未婚のプロたちには必ず、かけがえのない女友達が複数います。これが夜な夜な集まって、フェイスブックには決して載らない、海賊の宴会のような集まりを繰り広げています。そこでは仕事、家族、付き合っている相手などへの愚痴が俎上《そじょう》に上りますが、なぜか最後は呼吸困難になるほど大笑いになる。愚痴を笑いに昇華できる、最高の場です。

キツイことがあったとき、女友達はなにをおいても集まってくれるので、一番つらいときの自分の姿もしっかり（何度も）見られています。そして触れられたくない話題があるときは、そっと見守ってもくれる。つまらない愛想を振りまく必要もなく、誰かが寝言のようなことを言えば「なに言ってんの?」と返せる間柄です。既婚の女友達ももちろんいますが、フットワークの軽さは未婚のプロ軍団にはかないません。

このように、気心の知れた女友達との集まりが優秀なセイフティネットとして機能していると、恋愛でのアレコレも「お、今度の集まりでこのネタ話せる!」などと不埒なことを考えるようになります。そうなるともう、軸足は完全に女友達です。

そう、**「さみしくない」ことがプロポーズされない最大の原因**なのです。女友達といる方が気楽だなぁ~とか、結婚はしたいけど、女友達がいるからそこまでさみしくないなぁ~と思う人は、未婚のプロになる可能性大です。結婚と女の友情は引き換えではありませんが、曲がりまくった自分を矯正してまで、誰かの嫁になる覚悟はないのが未婚のプロ。

そして、女友達のいる未婚生活は楽しい。

なにからなにまで気が合うわけではないけれど、恋愛のように相手から連絡が来ないだけで不安になることも、駆け引きも必要ない女友達。なんと素晴らしい財産なんでしょう。仕事と恋愛に忙しく、女友達との充実した時間を過ごしていたら、結婚なんてしてるヒマ、ありません!

楽しすぎる独身生活を手放せない私が、嫁にいけないその他3つの理由

「『プロポーズされない理由』なんて、要は嫁のもらい手がないだけでしょう？」

そう言われたら、「それだけじゃないんだ……」と言いたくなる。それが、未婚のプロたる私の往生際の悪さです。が、もらい手がないだけの話ではないんですよ。本当に！

では、なぜ私は結婚していないのか？　楽しすぎる独身生活を手放せない以外の理由を、今まできちんと考えたことはありませんでした。ですので、今こそ絶好のチャンスと考え、101のリストを片手に、それを考えることにします。

さて、私たち未婚のプロの、恋愛つり銭貯金箱をガシャンと割って出てきた「プロポーズされない101の理由」を改めて見てみると、起因の異なる理由が無秩序に並んでいます。

30代半ばの混乱期、状況を整理して考えることで私の心はずいぶんおだやかになりましたので、まずこの思い当たるフシだらけのリストを分類してみることにしました。すると、101の理由は10のカテゴリーに分けることができました。

①「男のプライド」問題（そもそも男のプライドの拠り所がわからないし、わかったところで尊重するのがバカらしい）

5　あなたがすでにプロポーズしている。

66　ホワイトデーやクリスマス、誕生日に彼がプランしたロマンチックな演出を、受け止めなかった。etc…

②「**男の特性わからん**」**問題（性差を理解していない）**
19　鉄を熱いうちに打たなかった。むしろ冷や水をぶっかけた。
74　彼がテレビを見ている間、絶えず話しかけている。etc…

③「**結婚、二の次**」**問題（結婚したいけど、結婚して今の自由が減るのは嫌だ）**
6　友達から「とても結婚願望があるように見えない」と言われる。あなたが。
12　今の生活レベルを落とさせない、という話をしたことがある。etc…

④「**結婚してないとマズい**」**問題（結婚した方が幸せになれるので結婚しなきゃ、という社会圧）**
11　そもそも彼と結婚したいのか、ただ結婚がしたいだけなのかよくわからない。
16　日常会話の延長線上のような口調で、友人の結婚話を何度もしたことがある。etc…

⑤「**結婚ごっこ**」**問題（結婚に夢があるから男はそれに付き合え）**
24　彼の家に行くとき、頼まれてもいないものも勝手に買っていって補充する。
42　彼に野菜を食べさせようと奮闘している。etc…

⑥「**人生丸投げ**」**問題（結婚して、より幸せになるために誰かに自分の人生の面倒を見てもらいたい）**
7　以前付き合っていた男性のプロポーズを「もっといい人がいるかも」という理由でお断りした。
18　将来に一縷の不安も抱かせない完璧な男と、結婚しようと思っている。etc…

⑦「**女のプライド**」**問題（女だからと下に見られたくない）**
75　どうでもいいことでも、勝つまで口論してしまう。

97 食やワインにうるさい、という自負がある。etc…

⑧「自己都合で男らしさ訴求」問題（自分の都合で、相手に男らしさを求めてしまう）

58 「俺についてこい」というマッチョな男と付き合った試しも、惹かれた試しもない。

79 『アルマゲドン』を観て泣いている彼を、バカにした。etc…

⑨「自信喪失」問題（自分に自信がないので、人間関係がうまく築けない）

23 電話一本で、すぐ駆けつける。

62 彼が自分のどこを好きなのか、よくわからない。etc…

⑩「思いやりの欠如」問題（人を人とも思っていなかったり、わがままや間違った甘えがすぎる）

15 誕生日やクリスマスに、彼の好みを変えようとするプレゼントを贈ったことがある。

20 彼の方が稼ぎが少ないことをあなたはなんとも思っていないが、買い物に行くとあなただけ大人買いをする。etc…

①の「男のプライド」問題と、②の「男の特性わからん」問題は、別々に考えるとわかりやすい。男のプライドは、「こういう男でありたい」と男が願っていることに宿りますが、男の特性は、男が願おうが願うまいがそうなっている性質のことです。恋愛を経ての結婚を望むならば、「女を驚かせ、喜ばせ、楽しませる俺は、女の役に立つ男」という男女関係における男のプライドを傷つけては、何も前に進まないという面倒な話をしました。これは裏を返せば「男はそういう存在であるべきだ」という男の思い込みがそうさせているとも言えるでしょう。つまりヤツら

の勝手な話なのですが、女の私も、時にしれっとそこに乗っかって「男でしょ！」とやることもある。それが⑧の「自己都合で男らしさ訴求」問題です。

一方、男のプライドと異なり、男の特性とは「テレビを見ながら別の話ができない」などの性差です。もちろん特性には個人差がありますから、それは相手との関係からひとつずつ学んで、相互理解に役立てればよい。思い返せば私は30代半ばまで、まんまと「男のプライド」「男の特性」をいっしょくたに考え、自分の女らしさは一切見せないまま「自己都合で男らしさを訴求する」ことをしていました。

さて、問題は③以降です。結婚はしておきたいけど、結婚して今の生活が変わるのは嫌だ、という③の「結婚、二の次」問題と、結婚した方が幸せになれる（と思い込んでいる）、という④の「結婚してないとマズい」問題は、男女同権の社会へ変容を始めた過渡期の今だからこそ、起こる問題でしょう。

そもそも「結婚すれば幸せ」という台詞が女に示唆しているのは、結婚したら食いっぱぐれることはないという過去の価値観に基づいた幸せの定義だと思います。しかし、現時点で楽しく自活できている女にしてみれば、「食いっぱぐれることがない幸せ」には説得力がない。だいたい「結婚すれば男が食わせてくれる」という考え方自体が、最近の経済事情を考えれば現実的ではない。たとえば男の転勤に合わせて、仕事を変えなくてはならない可能性や、他人との生活、親戚が2倍になることを煩わしそうだと思うなら、結婚を選べないのは当然です。結婚は未婚女から、中毒性の高い自由や無限の可能性を奪っていくものだと考えているフシが、私にはいまだにあります。そして、私を制限するであろう結婚より、やりたいことがまだまだたくさんあります。「よし、自分はそんなに結婚願望が強くないんだな！」とようやく自認した私の足を引っ張るのが、④の「結婚してないとマズい」問題です。結婚と幸せをイコールで繋ぐ記号は街中に溢れていますから、結婚してないと幸せになれないと思ってしまうのも当然です。

が、結婚しただけでは幸せになれない理由も、目を見開けば街中に溢れています。そのリスクから目をそらし、結婚したらそれだけで幸せになれると思っているときには、⑤の「結婚ごっこ」問題が発生します。旦那さんに尽くすいい奥さんになれば、幸せになれると思ってしまうのです。どんなに大人になっても、結婚は現在の延長線上だと考えられず、理想や憧れを託してしまうのでしょう。結婚願望の薄い私ですら、結婚ごっこに陥ったことは何度もありますから。

そして結婚して誰かに自分の人生の面倒を見てもらいたい、という身勝手な願いを「あるべき男らしさ」や「あるべき結婚の姿」という言葉で装飾して男にぶつけるのが⑥の「人生丸投げ」問題です。「もっと自分にとって都合のいい人」を「もっとふさわしい人」という言葉に言い換え、相手を自己都合の「あるべき姿」に変えようとすらします。それは愛ではなく、エゴだということに気づきもせずに……。

結婚相手が自分の人生の面倒を見てくれるなら楽ですが、経済的、精神的にも男に人生を丸投げするということはどういうことだろう？　と考えて、「その男がいなくなったら生きていけなくなるということ」だと気づいたときには背筋が凍りました。20代の私のように「べき論」に惑わされると、肝心なことが見えなくなりロクなことになりません。

惑わされてはいけない「べき論」はもうひとつあって、それが⑦の「女のプライド」問題です。性別に関係なく、なりたいものには努力次第でなれるという教育を受け、男女格差のない社会を目指すようになった現在、30年前の「女のプライド」と、今の「女のプライド」はかなり違うものだと思います。今の「女のプライド」には、男と同じように教育を受け、社会に出て働き、稼ぎ、自立した一個人としてのプライドが含まれるでしょう。そこに、30年前の「女なら結婚して当たり前」というプライドがぶら下がってくるわけですから、忙しい話です。

私も、男をアテにして生きていくなんてまっぴら！　と言いながら、同時に30年前の女のプライドにも悩まされていたクチです。ついには普段バカにしている女のような「好きな男には無条件に頼りたくなる女っぽい自分」の存在まで自身に発見したので、とても混乱したのを覚えています。

私は20代の後半以降、女らしくも女っぽくもなくなれば、強くなれると思っていました。だから自分の女っぽさを否定しました。しかし、自分という女との10年戦争によりますと、自立した一個人としての自分を証明するために女を捨てても、私が望む生きやすい社会を作ることにはなりませんでした。男に下に見られたくないばかりに、自分の中にある「女っぽさ」を否定することは、自分を男のような人間に近づけようとしていただけでした。これは、私が「男と女は平等であるべき」という「べき論」を履き違えた結果です。

⑧は前述のとおりなので、⑨にいきます。
自分に自信がなく人間関係がうまく築けない「自信喪失」問題は、本質的には男女関係とは別の問題かもしれません。尽くしすぎが自分の自信のなさからくるということに気づいていない場合も多いので、一旦男関係から離れて問題を捉えてみないと、すべてを男のせいにしかねないと思います。私の過去を振り返るに、男女関係での過剰なサービスやコミットメントは、自分の劣等感の発露でしかありませんでした。


そして最後、⑩の「思いやりの欠如」問題。

人を人とも思っていなかったり、わがままや間違った甘えがすぎることを、私はゲスいことだと思っています。ゲスいとは、心根が卑しいということです。たとえば人より楽をしていい思いをしようとする気持ちや、自分に引け目があるばかりに人の行動を邪推したり、口では崇高なことを言いながら、実際には利己的に動いたりすることです。

私が自分のゲスさに気がついたのは、30になる直前でした。未婚のプロ予備軍のご多分に漏れず、「もっといい人」を心のどこかで探していました。そうしたらまんまと「もっといい人」が現れて、それまで結婚を考えていた男と別れました。この場合の「もっといい人」とは、自分を理解してくれる、波長が合う、一緒にいて楽しい、などと同じくらい、自分にとって都合のいい人という意味が含まれていたと思います。先に付き合っていた男を「頼りない」と思ったのは、私の期待するとおりに、彼が変わってくれなかったからでしょう。そして新しい男が「頼りになる」と思ったのは、私が望みどおりに生きていくために、そのとき必要だった資質を、新しい男が持っていたからだと思います。それは本質的に「頼りにする」ことではないことに、当時は気づいていませんでした。釣書前提の見合い結婚をバカにして、純粋な恋愛の結果の結婚を望んでいる顔で、人を秤にかけるようなことをした私は本当にゲスかった。

数年後、乗り換えた「もっといい人」にサックリ振られまして、なぜ私だけこんな目に遭うのかとか、たったこれだけのことを願っている私は決して不遜ではないとか、私をこんなふうに扱うなんてあの人はひどいとか、そういうことばかりが頭をグルグルするようになりました。完全に被害者風情でした。しかし、好きだった男が私の願いを叶えてくれなかったからといって、私は被害者だったのでしょうか？　己の利己的な望みが叶えられないことが「被害」になるのでしょうか？

あまりにも長い時間考え、私は疲れきってしまいました。そして、自分が利己的なことによやく気づきました。自分のゲスさ（利己的な考え）を自覚していないと、私はずっと被害者のままになってしまうのだなと思いました。自分のゲスさを認識すれば、自分に若干嫌気は差すものの、被害者ヅラばかりはしていられなくなりました。結果、自分の気持ちが少し楽になりました。

恋愛に限らず、周囲の人間は自分のためだけに生きているわけではないということを忘れてしまうと、「ピュアな自分のピュアな願い」といったテイで、ひどく自分勝手なこと言い続けることになります。こと「結婚」となると、それ自体がピュアな存在である気すらしてきて、そこに願いを重ねていくことの傲慢さには無頓着になりがちです。自分のゲスさに気づいた後ですら、私は「より幸せ」になるためには「結婚」という手段を取る必要があるというムードに流され、結婚に適しているかどうかで男を見たり、「一生安泰でいるにはどんな人を選べばいいのか？」「どんな女になれば『いい人』と結婚して、より幸せになれるのか？」というようなことを考えたりしていた時期がちょっとだけあります。「普通の人でいいのに」と言いながら、自分にとって都合のいい条件、もしくは一般的に幸せだと思われる結婚の姿を求めすぎていました。

私は24時間、他者の幸せを考えては生きられません。自分を幸せにすることが先決です。しかし、自分の幸せだけを利己的に考えれば考えるほど、自分を幸せにすることから遠くなっていってしまう。すると、いつの間にか私は被害者風情になり、「ああ、また自分はゲスい考え方をしていたのだな」と我に返るのでした。

１０１の理由をカテゴリーに分けて考えてみたら、私は未婚ライフをエンジョイする一方で、男心を理解しないまま自分の女っぽさを自責し、結婚によって自分からなにかを奪われることを警戒し、その上、無自覚に利己的な考え方をする癖があるのだと気づきました。これが、楽しすぎる独身生活を手放せない私が、嫁にいけないその他3つの理由です。ずいぶんひどい話ですが、わかっただけでも儲けものです。自認しても、自責しないのが未婚のプロの良いところです。

正直に申しますと、冒頭の「嫁のもらい手」という言葉が示す「女は男にもらってもらう」という考え方、嫁や妻という言葉から透けて見える、「社会に期待される女の役割」などにも、私は違和感を感じています。そう考えると、私は愛する人とではなく、結婚と結婚しようとしていたのかもしれません。どうりで未婚ライフの充実度と反比例して、結婚欲が減少していくわけです。結婚という制度と、自分自身がコミットする気がないのですから。

子供の頃は、好きな人と一生一緒にいるためにするのが「結婚」だと思っていましたが、大人になったら状況と私はどんどん複雑化してしまったのですね。そういえば、「好き」が努力なしに未来永劫続くわけでもないことも、大人になって体感していくことです。

ただただ未婚の楽しさに忙殺されていた私は、101の理由を読み返すことで、とうとう自分とそれを取り囲む状況を把握しました。ということは、自分の女っぽさや不安やゲスさ、そして結婚の意味が変わりつつある社会と向き合い、なおかつ未婚の楽しさよりも誰かと人生をくっつけることに優先順位をつけられる日が来たら、私も結婚するかもしれない。もちろん、その時に相手がいればの話です。一縷の望みとはこのこと、と言わんばかりの条件の多さにめまいもしますが、それでも私は楽しく生きていくでしょう。そこは楽観的に考えています。だって、今までも楽しく生きてこられたのですから。どっちに転んでも、なんとかなりそうですね。

あとがきにかえて

プロポーズされない101の理由、いかがでしたでしょうか？　身に覚えがあるもの、これじゃあこの女たちは一生独身《シングルフォーエバー》だわ、と呆れかえるもの、いろいろありましたでしょうか。筆者も改めて101のリストをチェックしたところ、まだ半分以上を実践していました。こりゃダメだとベッドで大の字になり、そのまま寝ました。

私は独身《シングル》という麻薬《ドラッグ》の中毒状態にあります。独身お楽しみジャンキーのまま、今年40歳になりました。「誰もが普通に年を重ねていけば、結婚して、家や車が手に入る時代は終わった」と言われてしばらく経ちましたが、それでもまだ、結婚したほうが幸せだという風潮はなくなりません。以前はもっとそうでしたから、未婚のまま40にでもなったら、さみしくて、みすぼらしくて、それでも強がって生きるのだと思っていました。周りから憐れまれながら、自分のためだけに働いて、自分のためだけに生きていくのだと。

　ところがどうでしょう、30代後半になると、自分のために働いて、自分のために生きていくことが、なにものにも替えがたいほど楽しくなってきた。誇りに近い充足感すら、感じるようになってきた。誰かの顔色をうかがうことなく、自分の人生を主体的に選択して生きていくことが私にもたらす喜びは、自分の価値を誰かに決めてもらうより、ずっとずっと大きいことに気づいたのです。

平たく言えば、独身お楽しみジャンキーは、自分ジャンキーなのです。自分が大好きで、自分が大切で、人生の舵はなにがなんでも、自分で取りたい。この人生で、結婚よりやりたいことが、まだまだある。ですから未婚のプロたちは、他人と人生をくっつける「結婚」で、自分の人生のなにかが奪われる恐怖を、ずっと抱えています。と同時に、結婚しないことで、重大な喜びを知らぬまま生きているような疎外感も、うっすら感じています。だから、せっかくのプロポーズを断って、がっくり落ち込んだりもします。またしても結婚を選べなかった自分に、自分自身が一番落胆しているのです。

しかし、ここでふと考えます。既婚者でも、幸せな人とそうでない人がいる。未婚のプロも然りです。つまり、独身という麻薬を絶って結婚することが、幸せになる唯一の方法ではないようです。そうなると、現代の結婚は、私たち未婚のプロになにも保証してくれません。せいぜい体面が整う程度でしょうか。独身お楽しみジャンキーをやめてこそ一人前という価値観だって、あと5年10年したら変わってしまうかもしれない。そんなことのために、この居心地のいい中毒状態から抜けることはできるでしょうか？　私はまったく自信がありません。未婚・既婚、どちらの岸にいても、幸せでいられるかどうかは自分次第。あとは、その都度自分が望んでいることを把握して、それを手に入れる確率を上げる努力を、私がせっせとするだけです。

ここまで読んで「そうじゃなくて、好きな人と一生一緒にいる約束をして、自分たちの家庭を作りたいから結婚したいのよ」という人、多分それが正解です。さまざまな条件をとっぱらって、好きな人と家庭を作ることを最優先できた女は、だいたいあっさり自分ジャンキーをやめて結婚しています。女の人生を保証させる条件で相手を値踏みしたり、気ままな独身生活にこのうえない楽しみを見出してしまうジャンキーが、未婚のプロとして残っています。好きな相手とあっさり結婚して、それからも幸せそうな生活を続けている人は「独身」という麻薬ではなく「自分」という麻薬を絶った人たちでした。

私たち未婚のプロが、自分ジャンキーをやめられる日はくるでしょうか？　先のことはわかりませんが、まだしばらくは無理そうです。捨てられないものを無理に捨て、己の欲に目をつぶって結婚したところで、結婚を続けていくことより、自分らしく生きることを優先するに決まっている。そうしたら、すぐ離婚するに決まっている。だったらもう少し、やりたい放題やりたいと思います。くどいようですが、そっちの方がまだ優先順位が上ですので。

最後に、初めての本で右も左も分からない私を、いつも明るく叱咤激励してくださった編集の増田祐希さん（未婚のプロ予備軍）をはじめとするポプラ社のみなさん、度重なるお願いにも、全力で応えてくださったデザイナーの木庭貴信さん、この本に素晴らしいユーモアを加えてくださった、イラストレーターのサヲリブラウンさん、帯に最高のコメントをくださった、森三中の大島美幸さん、『10匹のコブタちゃん』スタッフ・キャストのみなさん、そして本を出版するにあたってお世話になった、橋本吉史さん、しまおまほさん、高橋芳朗さん、神田愛花さん、すべてのきっかけをくれた玉井健二さん、市川康久さん、身を挺して101の理由を生んでくれた未婚のプロ（そして、元・未婚のプロ！）たちに、心から感謝いたします。誰ひとり欠けても、この本は完成しませんでした！　ありがとうございました。

そして最後にみなさんにお伝えしたいことは、ただひとつ。

やっぱり、独身《シングル》は麻薬《イズドラッグ》！

２０１３年10月吉日
ジェーン・スー

装丁　木庭貴信＋オクターヴ
イラストレーション　サヲリブラウン
マネジメント　市川康久（アゲハスプリングス）
編集協力　有馬ゆえ・桜庭夕子

ジェーン・スー

1973年、東京生まれ東京育ちの日本人。

作詞家／ラジオパーソナリティー／コラムニスト。

音楽クリエイター集団agehaspringsでの作詞家としての活動に加え、自意識をこじらせた大人たちへのパンチラインが話題を呼び、TBSラジオ「ザ・トップ5」を始めとしたラジオ番組でパーソナリティーやコメンテーターを務める。

ブログ『ジェーン・スーは日本人です。』
http：//janesuisjapanese.blogspot.jp/
Twitterアカウント　@janesu112

私たちがプロポーズされないのには、101の理由があってだな

二〇一三年一〇月二五日　第一刷発行
二〇一四年　八月一八日　第五刷発行

著者　ジェーン・スー
発行者　奥村傳
編集　増田祐希
発行所　株式会社ポプラ社
〒一六〇 - 八五六五
東京都新宿区大京町二二 - 一
TEL　〇三 - 三三五七 - 二二一二（営業）
〇三 - 三三五七 - 二三〇五（編集）
〇一二〇 - 六六六 - 五五三（お客様相談室）
FAX　〇三 - 三三五九 - 二三五九（ご注文）
振替　〇〇一四〇 - 三 - 一四九二七一
一般書編集局ホームページ
http://www.poplarbeech.com/

印刷・製本　中央精版印刷株式会社

N.D.C. 159／230P／19cm／ISBN978-4-591-13620-1